삶을 일깨우는

풍경 소리

삶을 일깨우는

풍경 소리

최시선 수필집

수필과비평사

| 작가의 말 |

언젠가는 수필집을 내고 싶었다.

그 동안 세 권의 책을 낸 적이 있지만, 이는 문학적 시도와는 거리가 멀었다. 뭔가 나만의 체취가 묻어나는 글을 쓰고 싶었다. 하여, 2006년부터 본격적으로 수필을 쓰기 시작했고, 모아진 글들이 이제야 한권의 책으로 빛을 보게 되었다.

원래 까까머리 중학생 때부터 시를 지어보겠다고 긁적거렸다. 고교와 대학 때는 소설을 써서 여학생들의 찬사를 받기도 하고, 냉혹한 비평을 받기도 했다. 문학적 글쓰기는 참으로 어려운 일이었다. 그런데 수필을 쓰면 상을 받았다. 글쓰기도 적성이 있는 줄 그제야 알았다.

나는 수필이 좋다. 체험을 바탕으로 솔직 담백하게 삶을 노래하고, 붓 가는 대로 문학적 형상화를 꾀할 수 있다는 것이 참 좋다. 글을 쓸 때 오랫동안 사유하며, 그것이 정말 심연에서 길어 올린 샘물 같은 주제인지 묻고 또 물어본다.

수필이 될 수 있다고 판단할 때 자판에 다가선다. 수필을 아무렇게나 쓰고 싶지 않기 때문이다. 한 편의 수필을 완성했을 때 그 희열은 이루 말할 수 없다. 마치 어린 새가 수없이 날갯짓을 하다가 드디어 하늘을 나는 것처럼.

이 글은 내 삶의 궤적이다. 한 권에 다 담지 못해 최근의 글들은 다음으로 미룬다. 어느 하나도 버려두고 싶지 않아 순서대로 글 바구니에 담았다. 거의 모두가 문학지나 신문지상에 발표된 것이라서 새삼스러울 것은 없지만, 구슬이 서 말이라도 꿰어야 보배니 나로서는 기쁘기 그지없다.

작품 평론을 기꺼이 해 주신 수필가 하정 김혜식 선생님께 먼저 고맙다는 말씀을 드린다. 늘 졸필에 대하여 관심을 갖고 격려와 응원을 아끼지 않으셨다.

또한, 늘 곁을 지켜준 사랑하는 아내 명화씨와 일부 제작비를 선뜻 내 준 딸 경진, 군에 간 든든한 아들 홍진에게도 고마움을 표한다.

마지막으로, 책을 산뜻하게 만들어준 수필과 비평사 서정환 사장님께도 고마움을 전한다.

2017년 녹음의 계절 6월에

진천 광혜원 덕성산 자락에서

/무심無心/ 최시선씀

| 차례 |

2부

어머니의 손전등

3부

홀로 걷는 길

4부

아주 기쁘거나 슬플 때

5부

다행, 그리고 행복

1부

풍경소리

풍경 소리

아파트 8층 베란다에서 풍경風磬이 울고 있다. 여름 맞바람에 못 이겨 이따금씩 흔들리며 울고 있다. 조금은 둔탁하면서도 맑은 울림을 내는 것이, 마치 어린 시절에 장독대에 숨어 술래가 찾지 못해 심심하여 단지를 두드릴 때 나는 소리와 같다. 큰 단지와 작은 단지 소리가 다르고, 된장이 담긴 단지와 장아찌가 담긴 단지, 물이 가득 담긴 단지와 그냥 텅 빈 단지 소리가 다르다.

이 풍경은 영락없이 속이 텅 빈 작은 단지를 두드릴 때 나는 소리와 흡사하다. 단지나 풍경이나 흙으로 구웠고 안이 텅 비었기 때문이리라. 그런데 이 풍경은 논 빛깔 나는 질박한 흙으로 빚었는데, 마치 질그릇을 종 모양으로 뒤엎은 것인 양 둥글면서도 아담한 운치를 자아낸다. 풍경 꼭대기에 두 개의 구멍을 내어

질긴 줄을 묶어서 아래로 흘러내리게 하고는, 중간에 양 옆을 칠 수 있도록 막대를 달아 놓았다. 새끼손가락만 한 크기의 이 막대 또한 흙으로 빚은 것이 분명한데 여간 딱딱한 것이 아니다.

질긴 줄이 더 흘러내려 마지막에 물고기를 빚어 매달아 놓았다. 바로 이 물고기가 맞바람에 흔들려 막대를 움직이게 하여 풍경 소리를 내고 있었다. 풍경 소리는 운다고 표현한다. 잘못 생각하면, 아프거나 슬프거나 또는 너무 좋아서 눈물을 흘리거나, 눈물을 흘리면서 소리 내는 것만이 우는 것으로 알 수 있는데, 문풍지가 우는 것처럼, 전깃줄이 윙윙 우는 것처럼 어떤 물체가 바람을 받아 소리를 내는 것을 '울다'라고 표현한다. 이 '울다'가 변형을 하면 '운다 또는 우는' 것이 된다. 풍경 또한 바람을 받아 소리를 내는 것이니 울리는 것이 아니라 우는 것이다.

이 풍경은 몇 해 전 어느 외국인이 나에게 선물로 주고 간 것이다. 이분은 원어민 영어 교사였는데 시간이 날 때마다 늘 나와 함께했었다. 영어를 배워볼 요량도 있었지만 무엇보다 외국인에게 우리의 문화를 알려야겠다는 강한 동기가 발동하고 있었다. 우리 문화란 과연 무엇일까? 김치, 향교, 서낭당, 솟대, 절, 경복궁, 불국사, 풍물, 농악……. 많은 것들이 뇌리에 스쳐지나갔다. 가까이서 쉽게 찾을 수 있는 곳은 절이었다.

어느 날 속리산 국립공원에 있는 법주사에 같이 간 적이 있다. 아는 대로 이곳저곳을 설명하고 있었는데 그 원어민 교사의 눈이 어느 한곳에 고정되어 있음을 발견했다. 바로 대웅전 처마 끝에 달린 풍경이었다. 그러면서 손가락으로 가리키며 '피쉬fish, 피쉬?' 하는 것이었다. 물고기 모양의 물체가 바람에 흔들리며 소리를 내고 있으니 신기하고 놀랄 만도 했다. 문제는 나의 영어 실력이었다. 아, 이를 어떻게 설명해야 하나. 세상을 살면서 그때만큼 영어가 안 되어 답답한 적이 없었다. 마음에서는 설명이 막 떠오르는데 목까지 기어 나와서는 이것이 영어로 번역이 되지 않았다. 끝내는 손짓 발짓 다하면서 짧은 단어 몇 개씩 뱉어내면서 설명을 해보았지만 의문만 더 자아내는 꼴이 되었다.

이거 안 되겠다 싶어 요사 한쪽에 쭈그리고 앉아 영어 사전을 뒤지기 시작했다. 말이 안 통할 때를 대비해서 가방에 늘 사전을 넣어 둔 터였다. 나는 긴 작문을 했다. 그나마 영작이 되는 것이 다행이었다. 영작한 것을 보여주니, 원어민 교사는 '오, 원더풀!' 하면서 고개를 몇 번이고 끄덕였다. 의미가 통한 것이었다. 그때의 통쾌함이 지금도 뇌리에 역역하다.

그 풍경이 방금 또 울었다. 풍경은 '세상을 일깨운다.'는 뜻을 가진 불가의 장엄구이다. 밑에 물고기 모양을 달아놓은 것은 특히 수행자와 관련이 있다. 물고기는 잠을 잘 때도 눈을 감지 않는다. 모름지기 수행자는 이와 같아야 한다는 것이다. 눈을 뜨고 잠을 자는 것처럼 치열한 수행을 해야 한다는 것이다. 그만큼 방일하거나 나태에 빠지는 것을 경계하는 것이 풍경인 셈이다. 훌륭한 수행자라면 풍경의 의미처럼 열심히 도를 닦아 세상을 일깨워야 한다.

원어민 교사는 바로 이러한 뜻을 이해하고는 탄복을 한 것 같다. 계약 기간이 만료되어 한국을 떠날 즈음 그는 나에게 이 풍경을 선물했다. 종이에 조심스럽게 싼 것을 나에게 건넸을 때 그것이 풍경일 줄은 꿈에도 몰랐다. 주면서 설명도 아끼지 않았다. 바로 이 '피쉬'를 보라고 하면서……. 물고기의 의미가 가장 인상 깊었나 보다. 어디에서 샀냐고 물었더니, 경주에서 샀다고 했다. 아, 경주에 갔었구나, 우리의 문화에 대하여 더 알고 싶었구나 하고 생각하니 내심 뿌듯했다. 그는 나로 인하여 우리 한국 문화에 대하여 관심을 갖게 된 것이 틀림없었다.

그런데 하필이면 떠날 때 이 풍경을 선물했을까? 어떻게 그런 생각을 할 수 있었을까? 그것도 떠나면 만날 기약도 없는, 잠시 머무는 동안 알게 된 이 무명의 한국인에게 말이다. 풍경이라는 것을 알았을 때, 너무도 감동하여 가슴이 찡했던 기억이 지금도 새롭다.

나는 그 외국인이 그리울 때면 베란다 풍경을 보고, 그 풍경 소리를 듣노라면 그 외국인이 생각난다. 이름은 '에드리안'이다. 친가는 영국이고 외가는 미국이라는 그는, 여행을 워낙 좋아하여 여러 나라를 돌아다니고 있었는데 한국은 스물한 번째라고 했다. 원어민 교사를 모집하는 나라가 있으면 인터넷으로 언제 어디서

나 신청을 해왔다고 했다. 다음 가는 곳은 일본 홋카이도라고 했다. 아마 지금쯤은 일본도 계약이 만료되어 다른 나라로 갔으리라.

세상을 산다는 것은 어찌 보면 저 풍경 소리와 같을지도 모른다. 바람 불면 울고 바람 자면 침묵한다. 이와 같이 모든 것은 인연 따라 생겼다가 사라진다. 사람도 마찬가지라서 인연 따라 세상에 나왔다가 늙고 병들어 죽어간다. 그러니 참 무상無常하다고 한다. 나라고 주장할 만한 고정된 실체가 없다고 한다. 도대체 무엇이 나인가? 이 몸뚱이가 나인가, 이 생각이 나인가, 그것도 아니면 몸뚱이와 생각 모두가 나인가? 이 글을 쓰는 순간에도 세포는 떨어져나가고 있으며 생각도 변하고 있다. 그러니 무엇을 나라고 할 것인가.

또 풍경이 울고 있다. 물고기가 맞바람에 몸부림치니 그 소리가 더욱 진하다. 아마도 스스로의 진면목을 찾아보라고 경책하는 것 같다. 가려진 구름이 사라지면 푸른 하늘이 그대로 보이는 것처럼, 당신에게도 그런 진면목이 있으니 참구參究해 보라고 말이다. 그것은 심연에 있는, 더럽혀지지 않은 본래의 깨끗한 마음이리라.

어느 선사가 풍경이 우는 소리를 듣고 제자에게 “풍경이 우느냐, 바람이 우느냐?”고 물었다. 제자는 “바람도 아니요, 풍경도 아니요, 제 마음이 웁니다.”고 했다고 한다. 스승이 묻는 순간 단박에 깨쳤는가 보다. 마음이 운다니!……. 모든 것은 마음에서 나오고 마음으로 이루어지는 것이니, 바람 소리도 풍경 소리도 마음 밖에 있지 않음을 갈파한 것일까?

한여름 베란다에서 들려오는 풍경소리는 아마도 집시 같은 에드리안의 마음이 우는 것일지도 모른다. 아니, 그 울음이 그리워 내 영혼이 우는 것일지도 모른다.

(2006. ≪문예사조≫ 9월호 등단작품)

세월
ㅡ 여수 향일암에서

새해 벽두 1월 1일, 나는 호남선 열차를 타고 남쪽으로 향했다. 배낭 하나 달랑 둘러메고 혼자 떠나는 여행은 이제 습관이 되어 버렸다. 마음 한 귀퉁이 역마살이 마치 피곤하면 입안에 혓바늘 돋아나듯 어김없이 뛰쳐나온다.

어쩐지 이번에는 여수 향일암이 보고 싶었다. 잠재의식 속에 향일암이 꽂혀 있었나 보다. 향일암 하면 일출이다. 해를 향하고 있다 하여 향일암이다. 그래 한 살 더 먹었으니까, 일출을 보러가자. 사람이 많지 않을까, 사람 많은 건 싫은데……. 화두話頭가 되는 순간 뇌리 속에 수많은 생각들이 물결처럼 일어났다.

생각은 바람과 같다. 보이지도 잡히지도 않건만, 온 마음을 쥐어흔들기도 하고 한곳으로 몰기도 한다. 또 끊임없이 흘러간다.

마음속에 단 일 초도 머무르지 않는다. 세월을 산다는 것은 곧 생각을 하고 있다는 것이다. 새해 첫날 향일암에 대한 생각은 바람처럼 이 몸을 여수 바다로 내몰았다.

저녁 무렵 도착한 항구도시 여수의 향일암! 난생처음 와보니 낯설기만 하다. 향일암 포구에서 새해 일출 축제가 있었나 보다. 여기저기 플래카드가 붙어있고 거리에는 쓰레기 더미가 널려있다. 어둠이 살포시 내려앉은 바다에는 밤 조어釣魚를 나가려는지 어선이 하나둘 불을 밝히며 용틀임을 한다. 향일암으로 오르는 길에는 수많은 상가들이 하루 종일 손님에 지쳤는지, 그 흔한 '저녁 먹고 가라.' 소리도 하지 않는다.

마침내, 하늘에 성전을 지어 놓은 것인 양 높게 솟아 오른 바위 절벽에 걸터앉은 전각들이 하나둘 보이기 시작했다. 저기가 향일암! 아, 어떻게 저런 곳에 암자를 지을 수 있을까?……. 도저히 입이 다물어지질 않는다. 산 어둠이 내려앉아 대웅전 뒤의 바위들이 잘 보이지는 않지만, 절벽도 이만저만의 절벽이 아니다. 당장이라도 전각을 덮치고 내 앞에 쿵하고 떨어질 것만 같다. 그것도 잠시, 대웅전 마당 난간으로 가 밑을 바라보니 천 길 낭떠러지에 밤바다가 펼쳐지는데, 어찌나 아찔한지 숨이 멎을 것 같다.

백제 의자왕 4년에 신라의 원효대사가 지었다는 천년고찰! 그 세월의 무게를 어찌 필설로 말하랴. 이 가파른 절벽에 터는 어떻게 닦았고, 또 기와는 어떻게 날랐을까? 영욕을 교차하며 세월을 견디어 왔을 찬란한 암자여, 조상의 숨결이여! 임진왜란 때 승군이 충무공 이순신을 도와 왜구를 물리쳤다는 기록으로 보면, 꼭 도량으로만 볼 것도 아니다. 천년의 역사가 함께 숨 쉬고 있는 것이다.

세월이란 무엇인가? 천년 세월 속에 서 있는 이 나그네는 누구인가? 어디서 와서 어디로 가고 있는가?……. 밤바다를 바라보며 나는 끊임없이 물음을 던졌다. 그렇다. 모든 것은 생겨나서 잠시 이 세상에 머무르다가 변해서 사라지고, 또 생겨나기를 거듭한다. 사람들은 이러한 시간적 흐름을 세월歲月이라 한다. 사람도 마찬가지로 생로병사를 거듭한다. 사람들은 이를 나이 먹는다고 한다. 나이란 세월이 흐르는 것을 수치로 표현한 것에 불과하지만 모두가 슬퍼한다.

향일암 앞바다는 점점 검은빛으로 변해갔다. 바다 위로 밤배들이 하나둘 밀려나간다. 유성 같은 불빛을 흘리며 저 암흑의 수평선으로 사라져간다. 처음에는 고함을 지르며 힘차게 포구를 빠져나가더니, 이내 점점 작아지면서 불빛마저 사그라지고 어디론가 빠져들어간다. 블랙홀 같은 완전한 어둠 속으로!

아마 그곳은 내가 처음 잉태된 곳일지 모른다. 나는 잉태된 순간 어둠 속에 있었다. 엄마의 어두운 자궁 속에서 열 달을 웅크리고 세월을 기다렸을 것이다. 아, 저 밤배가 사라진 곳은 수평선이 아니라, 먼 옛날의 엄마 자궁 속이리라. 엄마의 자궁은 어두워도 따뜻하고 근심걱정 하나 없는 태초의 바다 같은 곳이 아니던가. 순간 내가 일엽편주가 되어 엄마의 양수에 둥둥 떠서 탯줄을 돛 삼아 호흡을 바람 삼아 신나게 노니는 모습이 그려졌다. 너무도 평안하여 입가에 미소가 흘렀다.

향일암에서 하룻밤을 자고 아침이 되었다. 아! 일출, 저 장엄한 일출! 어제 밤배가 사라진 그곳에서 빠알간 둥근 해가 혀를 날름거렸다. 어디서 왔는지 사람들이 왁자지껄하다. 해가 점점 몸을 뒤척이며 솟아오르자, 천지가 개벽하는 것처럼 만물이 드러나기 시작했다. 산, 거북 바위, 절벽, 동백나무 숲, 요사, 그리고 서서히 물결치며 넘실대는 황금빛 바다까지……. 어젯밤 밤배가 사라진 그곳에서 새로운 생명이 움터온 것이다.

내 나이 불혹不惑의 중반, 천년의 세월로 본다면 한 획이나 살아온 걸까? 저 아침 햇살 이는 바다로 본다면 한 점 빛이나 되는 걸까? 내 생이 너무 작아 보여 금방이라도 저 금빛 바다에 함몰될 것 같다. 그래, 흐르는 세월은 내 한 생을 집어 삼킨다 해도 꿈쩍도 하지 않을 것이다. 마치 저 바다에 물방울이 하나 떨어지는 것처럼.

아, 병술년 새해에는 하루를 살더라도 값지게 살아야겠다. 한 순간을 살더라도 영원의 세월을 사는 것처럼 치열하게 살아야겠다.

(2006. 제5회 CJB TV백일장 수필 부문 당선작)

돌잔치 풍경

"…… 당신은 이 세상의 또 다른 어머니입니다. 그동안 보살펴 주시고 사랑해 주신 은혜에 조금이나마 보답하고자 이 패를 드립니다."

돌잔치에서 감사패를 드리는 풍경은 처음이었다. 그것도 며느리가 시어머니에게 이벤트를 벌이며 많은 사람들 앞에서 말이다. 시어머니가 울음을 터뜨리자 며느리도 글을 읽다가 말고 울먹였다. 뷔페에 앉아 있던 사람들이 힘찬 위로의 박수를 보냈다.

이색 돌잔치! 태풍 산산이 올라온다는 소식을 들으며 나는 처조카의 돌잔치에 참석하기 위해 서울에 갔다. 막내 처남이 뒤늦게 향학열이 불타올라 상경하여 대학원을 마치더니 거기서 어여쁜 색시를 만났다. 둘은 같이 대학원 조교를 하면서 사랑을 키워

결국 결혼에 골인했다.

암만 봐도 처남은 이런 색시를 만나 떡두꺼비 같은 아들을 얻으려고 그렇게 세상과 번민했는가 보다. 한 송이 국화꽃을 피우기 위해 봄부터 소쩍새가 그렇게 울었노라고 어느 시인이 노래하지 않았는가. 어찌 새로운 생명이 그냥 얻어지겠는가. 맑은 하늘에 번개가 치고, 천둥이 치고, 결국은 태풍으로 변하여 지상의 모든 것을 휩쓸어가기도 하고, 그러다가 아무 일이 없다는 듯이 고요가 밀려오기도 하고, 그 속에서 소쩍새가 수없이 울음을 토한 연후에야 국화꽃이 피듯이, 사람의 생명도 그러하리라.

부부의 연이 맺어지려면 칠천 겁의 전생 인연이 있어야 한다고 했다. 어떤 관계로든 칠천 겁 정도의 인연이 있어야 부부로 만난다는 것이다. 부부가 되었다고 곧바로 생명이 탄생하는 것도 아니다. 요즘은 원해도 아이가 생기지 않는 경우가 허다하다. 결혼 적령기를 넘겨서 부부가 되면 불임될 확률이 더 높다.

그런데 처남부부는 부부 인연을 맺자마자 아이를 가졌다. 이 얼마나 큰 복인가. 결혼이 늦은 데다가 온 일가친척이 바라던 떡두꺼비 같은 아들을 얻었으니 가문의 영광이 아닐 수 없다. 무엇보다 장모님이 가장 좋아하는 눈치였다. 누구나 손녀딸을 얻으면 그 다음은 손자를 보고 싶은 것이 인지상정이다. 막내 처남부부는 이러한 집안의 바람을 거뜬히 해낸 것이다.

장모님의 눈물, 이건 단순한 눈물이 아니다. 막내처남이 결혼도 하기 전에 장인어른이 세상을 떴다. 생전에 눈을 감지 못하며 막내를 걱정하던 모습이 떠올랐던 모양이다. '만일 이 자리에 그 양반이 있었다면 얼마나 좋았을까, 몹쓸 양반 뭐 그리 바쁘다고 먼저 갔을까.' 하면서 그리움과 원망하는 마음이 반반 뒤섞이어 울음이 복받쳤던 것 같다.

처남부부는 첨단 정보화의 이기인 컴퓨터 기술을 최대한 활용한 것이 역력했다. 〈킹콩〉 영화 그림에 아이의 사진을 합성하여 기가 막힌 이색 홍보물을 만들어 이곳저곳에 붙여놓았다. 신세대 부부가 아니라면 흉내 낼 수 없는 독특한 아이디어였다. 아이를 주연으로 하고 부부가 감독을 맡는다는 그런 내용이었다. 아마도 부부의 마음에는 아이가 킹콩 같은 힘 있는 장사로 자라기를 바랐던 모양이다.

게다가, 아이가 태어나서 돌이 되기까지 개월별로 나누어 성장해온 장면을 사진에 담아 뷔페 입구에 전시해 놓았는데, 이를 보고 감탄하지 않을 사람이 없을 것 같다. 웃는 표정, 우는 표정, 찡그리는 표정, 배고프다며 젖 달라는 표정, 발가벗은 모습, 심지어는 아이의 발바닥 모양까지 세밀하게 찍어 선을 보였다. 나도 자식이 태어났을 때 끔찍하게 예뻐했지만 이렇게까지는 하지 않았다. 번뜩이는 아이디어에 놀랍기도 하고, 한편으로 부럽기도 했다.

돌잔치의 피날레는 경품 당첨 이벤트였다. 이것도 우리같이 아이가 다 커버린 사람에게는 신선한 충격이었다. 들어오는 입구에서 모두에게 당첨 번호표를 나누어 주었다. 반으로 잘라서 하나를 경품 추첨함에 넣게 하였다. 나중에 추첨을 하여 푸짐한 상품을 준다는 것이었다. 추천함도 조그만 컵을 여러 개 놓았는데 컵마다 소원이 적혀 있었다. 공부 잘하기, 장수하기, 부자 되기 등으로 말이다. 아이가 나중에 연필을 집느냐, 실을 집느냐, 아니면 돈을 집느냐에 따라 경품 추첨이 달라진다는 것이다.

드디어, 이벤트가 시작되었다. 먼저 감사패가 전달되고 이어서 추첨을 한다고 했다. 추첨에 앞서 오늘의 절정, 과연 아이가 무엇을 잡느냐 하는 것이 초미의 관심사였다. 순간 모두들 숨을 죽였다. 과연 아이가 무엇을 잡을까?…… 연필을, 실을, 아니면 돈을! 관중의 애타는 마음을 아는지 모르는지 상에 오르자마자 금방 잡지 않고 이것저것을 살피는 모양이었다. 워낙 상 위에 차린 것이 많아서 그런 것 같았다. 그러더니 연필을 덥석 잡았다. 부부의 얼굴에는 만면에 미소가 피어올랐다. 다 좋겠지만 아이가 공부를 잘하겠다고 연필을 잡은 것이 꽤나 만족스러웠나 보다.

다음으로 추첨이 이루어졌다. 다른 통은 제외하고 공부 잘하기 소원 통에서만 번호표를 뽑는 것이었다. 몇 개의 번호가 뽑히면서 거의 막바지에 장모님의 표가 뽑히었다. 너무도 좋아하셨다. 감사패를 받으면서 흘렸던 눈물이 무색할 정도로 기뻐하는 표정이었다. 왜 아니 기쁘랴. 손자가 연필을 잡았고 거기다가 행운의 당첨까지 되었으니…….

처남 부부의 이색 돌잔치는 나에게 많은 생각을 하게 해 주었다. 신세대 부부의 독특한 아이디어에다 부모님을 배려하는 감사패, 그리고 하객까지 생각한 당첨 이벤트! 모든 것이 나이 들어가는 나에게 신선한 자극이었다.

(2006. 11.)

은행나무

학교 운동장 서편에 은행나무가 줄지어 서 있다. 여섯 그루의 나무가 마치 사이좋은 오누이처럼 서로 마주보며 도란도란 이야기를 나누고 있는 듯하다.

이 은행나무가 가을이 되더니 옷을 갈아입기 시작했다. 그 푸르던 잎이 하나둘 노란색으로 물들어 가고 있다. 가을은 모든 것을 물들게 하는 마법을 지녔나 보다. 은행나무뿐만 아니라, 운동장 가로 심어져 있는 벚나무며 느티나무며 살구나무까지 온통 단풍으로 치장을 하고 있다.

이 가을, 모든 것이 이렇게 물들어 가고 있는데 나는 무슨 물이 들고 있는 걸까? 산다는 것은 어찌 보면 저 가을 나뭇잎처럼 물들어가는 것인지도 모른다. 세월을 살면서 착한 물도 들고 악한 물도 들고, 깨끗한 물도 들고 더러운 물도 든다. 사람으로 살아가면서 착한 물, 깨끗한 물만 들면 좋으련만 그렇지가 못한 것이 늘 쓰리고 아프다. 병든 나뭇잎처럼 게으름이나 어리석음 같은 나쁜 물이 들기도 하기 때문이다.

그런데 저 은행나무 잎들은 티 하나 없이 맑게 물들어가고 있다. 마치 온 나무에 노랑나비 수만 마리가 앉아 날갯짓을 하고 있는 것인 양 바람에 살랑이고 있다. 가을 햇빛에 부서지는 금빛 색깔이 얼마나 고운지, 어미닭의 온기를 품고 금방 달걀에서 깨어 나온 노랑 병아리를 꼭 닮았다. 가을이 익을수록 온 나무 전체가 금빛 잔치를 벌이는 듯하다.

나의 고향 마을에도 아름드리 은행나무 두 그루가 있었다. 한여름이면 그늘을 만들어주기도 하고, 술래잡기나 말 타기 놀이를 할 때면 큰 기둥 역할을 해주기도 했다. 한 오십 보 정도를 사이에 두고 마주 서 있었는데, 하나는 암컷이었고 또 하나는 수컷이었다. 참으로 신기한 것이 은행나무는 암수가 서로 같이 있다는 사실이다. 암컷이 있으면 그 주변에 어김없이 수컷이 있다. 암컷은 열매를 맺지만 수컷은 열매를 맺지 않는다. 만물의 존재가 음양의 이치에 의해 돌아간다고 하지만, 나무마저 그 이치를 어기지 않으니 신령스러울 뿐이다.

게다가, 수컷 나무는 가지가 날씬하게 위로 쭉쭉 뻗어 올라가는 반면, 암컷 나무는 가지가 위로 올라가기는 하는데 옆으로 많이 퍼져나가는 경향이 있다. 이것은 아마도 암컷은 열매를 많이 맺어야 하는 다산 본능 때문이 아닐까 싶다. 수컷 은행나무는 열매를 맺지 않으니 푸른 색깔이 오래가지만, 암컷은 찬바람 몇 조각에도 금방 노랑물이 들어버리고 만다.

가을 소슬바람에 은행잎이 우수수 떨어진다. 아름다운 낙하다. 떨어지는 것은 어찌 보면 슬픈 일이지만 거룩한 일이기도 하다. 본래 온 곳으로 돌아가는 일이기 때문이다. 그 많은 열매를 가지에 두고 노랑 물을 흘리며 땅으로 낙하한다는 것, 그것도 아무런 미련 없이 자리를 박차고 내려온다는 것, 이 이상으로 아름다운 일이 어디 있겠는가!

나무에는 은행들이 주렁주렁 열려 있다. 어찌 저리도 많이 열려 있을까. 그 많은 열매를 맺기 위해 얼마나 치열한 몸부림이 있었을까. 한 송이 국화꽃을 피우기 위해 봄부터 소쩍새가 그렇게도 울었다는데 저 은행나무도 그랬을까. 마른 나무에 싹을 틔우고 꽃을 피우고, 용광로 같은 한여름 태양과 비바람을 견디며 열매를 키워냈으리라. 열매 하나하나에 무너져 내리는 산고의 고통이 배어있으리라.

경전에 이르기를, 어머니가 자식을 낳을 때 서 말 서 되의 피를 흘리고 젖을 먹이느라 온 정기가 다 빠져나가 쉬이 늙는다는데 저 암컷 은행나무가 꼭 그런 것 같다. 수컷과 다르게 잎이 쉽게 물들어 금방 떨어지고 가지마저 옆으로 힘겹게 휘어져 있는 것을 보면…….

나는 저 암컷 은행나무에서 어머니 얼굴을 떠올린다. 자식을 낳아서 키우느라 얼마나 고생이 많았을까. 옛 부모님들은 다산을 자랑으로 삼았다. 나의 어머니도 예외는 아니다. 자식들을 다 키워놓으니 이제는 머리가 박꽃처럼 희어지고 고왔던 얼굴엔 주름이 가득하다. 저 은행잎이 떨어지는 것처럼 삶의 아름다운 마감을 준비하는 것일까.

은행나무는 천 년을 산다고 한다. 언젠가 다녀온 영동의 영국사 은행나무는 천 년이 넘는다고 했다. 천연기념물로 지정된 그 은행나무는 둘레가 한 아름이 넘으며, 뿌리에서 뻗어 나온 것이 또 하나의 나무로 자라고 있었다. 우리 사람도 이와 같이 천년만년 살기를 바란다면 과욕일까. 은행나무에 비하면 우리 사람의 목숨은 너무도 짧다.

은행나무 아래로 노랑 은행잎이 즐비하다. 마치 노랑 물감을 풀어놓은 것처럼 아름다운 운치를 자아낸다. 땅 위에 천연색 수채화가 펼쳐져 있는 듯하다. 그 위로 바람이라도 불어오면 노랑 나비가 비상하는 것인 양 은행잎이 땅위를 뒹군다. 옷깃을 여미며 그 위를 걸어본다. 잠시 가을 영화의 주인공이 되어버린 듯한 착각에 빠진다. 긴 바바리를 걸쳐 입고 깃은 귀에까지 치켜 올린 다음, 손은 주머니에 쑥 집어넣은 채 사색에 잠겨 있는 나!……
하, 머쓱한 웃음이 흘러나온다.

은행잎과 함께 이따금 은행이 떨어진다. 바람에 흩날려 떨어지기도 하고 무게에 못 이겨 떨어지기도 한다. 윤회의 시작이다. 열매가 먼저일까, 나무가 먼저일까. 어리석은 질문을 던져본다. 어쨌든 나무는 커서 열매를 맺고 그 열매는 다시 수많은 나무가 되니 윤회임이 틀림없다.

은행을 주워서 껍질을 뭉개어 씨를 발라본다. 껍질을 뭉갤 때 고약한 냄새가 나는 것이 흠이다. 코를 들이박고 은행을 얻으려다가는 정신이 몽롱해질 수 있다. 모양은 살구 씨와 비슷하고 색깔은 하얀 은빛이다. 그래서 은빛의 은銀자와 살구나무 행杏자를 합쳐서 '은행銀杏'이라고 한다.

한 알의 은행! 단단한 각질에 타원형의 곡선과 은빛이 묻어난다. 이 한 알의 은행에는 온 우주의 기운이 스며있다. 하늘과 땅 사이에 온전히 존재하는 햇빛, 바람, 구름, 물 등이 하나라도 없었다면, 은행은 존재하지 않았을 것이다. 그러니 은행 한 알이 곧 우주이고, 진리인 것이다.

한 알의 은행을 집어 든 순간, 나는 온 우주를 끌어안은 듯한 신비감에 휩싸인다. 아, 이런 환희로움이 어디 있을까. 생명은 참으로 경이롭다.

(2006. 10.)

감

아파트 8층 베란다에 감이 익어가고 있다. 지난 추석 때 고향에서 따온 감들이다. 한 삼십여 개 되는 감들이 옹기종기 모여 가을햇빛을 쪼이고 있다.

똑같은 햇빛을 머금으면서도 제각기 빛깔이 다르다. 아주 빨간 감부터 시작하여 조금 덜 빨간 감, 지금 막 빨개지려고 폼 잡는 감, 아직도 따온 그대로 누런 빛깔을 내는 감, 그리고 빨개지다 못해 아예 거무스름하게 변한 감 등 여러 가지 모습을 하고 있다.

아주 빨간 감은 이미 홍시가 되어버린 것이고, 노란 빛깔을 내는 감은 아직도 땡감인 것이다. 빨개지다 못해 아예 거무스름하게 변한 감은 너무 익어버려 먹을 수 없는 감이 된 것이다. 모두 한 나무에서 따온 것인데 자신의 처지에 따라 익어가는 모양이다 다르다.

왜 그럴까? 가만히 생각해 보니, 나무에 달려 있을 때부터 서로 달랐던 것 같다. 똑같은 감나무이지만 가지와 방향, 그리고 높낮이가 모두 달랐음이 분명하다. 어떤 감은 굵은 가지에 달렸지만 북쪽 방향에다 낮은 곳에 있었기에 햇빛을 그만큼 못 받아 잘 익지 못했고, 또 어떤 감은 가는 가지에 달렸지만 남쪽 방향에다 높은 곳에 있었기에 햇빛을 충분히 머금어 이미 많이 익어버린 것이다.

나무에서 내려와 우리 아파트 베란다에 와서는 그런 차이가 없이 똑같은 햇빛을 받으니 딸 때의 감 상태를 그대로 드러낸 것일 뿐이다. 마치 하늘에서 보배스러운 비가 가득 내리나 뭇 생명은 자신의 처지에 따라 비를 받아먹는 모양이 다 다르듯이, 나무에서 떠나올 때의 모양에 따라 익어가는 속도를 달리하고 있는 것이다.

어린 시절 고향 마당에는 감나무 세 그루가 있었다. 봄이 되면 새잎이 돋고 무성해 지면서 감꽃이 핀다. 감꽃, 그 하얀 목련 빛깔 나는 감꽃이 피면 어느덧 봄이 무르익었다는 신호이다. 어디서 날아왔는지 제비들이 빨랫줄에 앉아 지지배배 노래를 하고, 연신 흙과 가지를 물고 와 감나무 옆 흙 바름벽에 집을 짓곤 했다. 그 물고 온 가지 역시 지난해 떨어진 감나무 가지가 분명했다.

감이 콩알만 해지다가 굵어지기 시작하면 이제 감꽃은 바람에 흩날려 땅으로 떨어진다. 아름다운 낙하다. 수많은 생명을 가지에 잉태한 채 거룩한 희생을 치르는 것이다. 그 감꽃이 마당에 즐비하게 뒹굴면 어김없이 나는 그것으로 목걸이를 만들었다. 감꽃이 아기 볼같이 보드라우면서 가락지 모양으로 생겼기에 실에다 꿰어 목걸이를 만드는 데는 안성맞춤이었다. 감꽃 목걸이를 만들어 내 방 흙 바름벽에 걸어놓기도 하고 동네 짝꿍에게 선물을 하기도 했다.

여름이 되면 감나무는 요동을 친다. 나는 소 외양간이 있는 양철 지붕의 방에서 잠을 잤는데, 특히 여름에 비바람이 치면 잠을 이루지 못했다. 뚜두둑 소리를 내며 밤톨만 한 감들이 양철 지붕을 난타하기 때문이다. 거기다가 소까지 놀라서 발버둥 치면 그날 밤잠은 다 잔 것이다. 그럴 때면 어머니의 걱정하시는 모습이 떠오르곤 했다. 감이 떨어지지 않고 많이 익어야 가을에 목돈을 만질 수 있기 때문이었다.

그 당시 감은 시골 사람에게 금쪽같은 것이었다. 한 접(110개 정도)에 좋은 건 만 원 정도 했으니까 지금으로 말하면 꽤나 큰돈이다. 그러니 바람 불어 다 떨어지면 이만저만 걱정이 아닌 것이다. 어떤 해는 태풍이 몰아쳐 감나무 자체가 뽑혀나가는가 하면, 큰 가지가 부러지고 그나마 달려 있던 감들이 모조리 떨어졌을 때 어머니의 어깨는 물먹은 솜처럼 축 늘어져 있었다.

감이 익어가는 계절은 단연 가을이다. 가을은 무엇이든 익도록 하고 물들게 하는 마법을 지녔나 보다. 봄에 꽃피어 오른 뭇 생명이 여름의 용광로 같은 태양을 견디면서 가을에 저마다 결실을 맺는다. 어쩌면 생명의 순환이요, 자연의 윤회일지 모른다. 잎사귀는 단풍으로 변하고, 그렇게 무성하던 들풀은 푸른 기가 쑥 빠져 갈대로 변하고, 거리에 수놓던 꽃들도 다 떨어져 몸뚱이만 덩그렇게 바람에 흩날린다.

감나무 역시 예외가 아니다. 가을이 되면 감이 무르익으면서 감잎이 점점 노랗게 변하고 어느새 다 떨어져 앙상한 가지만 남는다. 이때가 감 따기에 가장 좋다. 감이 가지 사이로 잘 보일 뿐만 아니라 장대로 가지를 꺾기에도 딱 좋기 때문이다.

어머니는 그 바쁜 농사일에도 틈만 나면 감나무에 올라가 감을 따셨다. 감나무 가지는 약해서 잘못 디디면 영락없이 부러지기 일쑤이다. 그런 위험도 무릅쓰고 감 망태기를 가지에 걸어놓은 채 감을 따신 것은, 오로지 자식들 뒷바라지를 위해서였다. 오남매를 키우는 것이 오죽 버거웠으면 감나무에 올라가 감을 따셨을까.

감 농사는 거기서 끝나는 것이 아니었다. 감을 따와서는 단지에 뜨거운 물을 붓고 풀 가지를 섞어서 안방 아랫목에 이른 저녁부터 묵힌다. 땡감이 우러나도록 하기 위함이다. 그리고선 새벽같이 일어나 우러난 감을 단지에서 꺼내어 광주리에 옮기어 물을 빼고는, 다시 자루에 담아서 시장에 내갈 준비를 한다. 시장에 내가는 길은 아직 어둠에 싸여 있다. 그 먼 거리를 머리에 이기도 하고 지게에 지기도 하여 감을 날랐던 것이다.

아, 어찌 보면 감은 내 어린 시절 애환이 서려 있다. 여름 장마철에 발가락이 짓물렀을 때, 땡감이 효능이 있다고 하여 감을 잘라 발가락 사이에 끼우고 잤더니 정말 거짓말처럼 나은 적이 있다. 짓무른 발가락에 땡감물이 스며들자 어찌나 아리고 아팠던지 지금 생각해도 몸서리가 쳐진다. 또 한번은 가을에 홍시를 따려고 감나무에 올랐다가 벌에 쏘여 혼쭐이 난 적이 있다. 벌이 달짝지근한 홍시를 좋아한다는 것을 깜박 잊고 있었던 것이다.

그 감이 이제는 하나의 추억의 알갱이로 다가와 아파트 베란다에서 비시시 웃고 있다. 사실 감은 저기 그냥 있는 것이 아니다. 우주의 모든 이치를 다 머금고 있는 것이다. 저 감이 여기 오기까지 수많은 인연因緣이 작용했기 때문이다. 우선 튼튼한 나무가 있었고, 그 나무가 땅의 기운과 물을 빨아올려 잎을 틔웠고, 거기서 꽃이 피어 어린 감이 생기고, 이것이 태양의 기운과 바람, 비 등과 수없이 만나면서 저렇게 큰 감으로 성장한 것이다. 여기서 나무가 인因이라면 땅과 물, 태양, 바람, 비 등은 이를 도와준 연緣인 것이다. 그러니 저 감 하나에 우주의 모든 것이 들어있는 것이다.

감이 슬며시 묻는다. 나는 이렇게 물들어가고 있는데 당신은 이 가을에 무슨 물이 들어가고 있냐고……. 딱히 할말이 없다. 머리에 하얀 물은 들어가는데 뭔가 나만의 색채가 없어서일까? 아, 나도 저 감처럼 물들 채비를 해야겠다.

(2007. ≪문예사조≫ 3월호 이달의 수필)

곤줄박이와 박 처사

"곤-줄-박, 곤—줄—박……."

"쓰비쓰비 찌이, 쓰비쓰비 찌찌……."

박 처사가 곤줄박이라고 몇 번 부르자 사방에서 새들이 대답이라도 하듯 지저귀기 시작했다. 요사채 남쪽 느티나무에서, 저 오름길 아래 왕벚나무에서, 산신각 쪽 은행나무에서 모두가 기다렸다는 듯이 푸드덕거리며 힘찬 날갯짓을 하고 있었다. 아직 어둠이 채 가시지 않은 겨울 아침의 산사山寺, 그 고요한 산 중턱의 산사에서 새들의 노래가 울려 퍼지고 있었다.

아침 공양을 마치고 요사채로 가던 중 목격한 이 장면은, 뭐라고 표현해야 할까……. 불경의 가르침대로 미묘한 화엄의 세계가 펼쳐졌다고나 할까. 아니면, 하늘 궁전에서 아름다운 소리로 노래한다는 천상의 새, 가릉빙가가 땅에 내려온 거라 해야 할까. 하여튼 그런 낭랑하고 맛깔스럽고 신명나는 아침 새소리는 처음이었다. 하나가 지저귀면 서로 화답이나 하듯 자기 목소리를 내는데, 그 울림이 어찌나 정겹던지 마치 환상의 오케스트라 연주 같았다.

그중에 곤줄박이라는 새가 있었다. 이 새 이름을 부르자 다른 새들도 덩달아 산사 주변으로 모여들었다. 시골에서 흔히 보았던 박새, 까치, 산비둘기, 그리고 이름 모를 새들이 곤줄박이 뒤를 졸졸 따라다니고 있었다. 솔직히 나는 곤줄박이 새 이름을 몰랐었다. 박 처사가 알려주는 바람에 알았다. 곤줄박이, 몸에 고운 줄이 박혀 있다고 하여 그렇게 부른단다. 가만히 살펴보니, 몸길이가 작은 것은 십 센티미터, 큰 것은 십오 센티미터 정도 되는 것 같은데, 머리와 목의 앞부분은 검정색, 뒷목과 아랫배 쪽은 붉은 갈색, 날개는 짙은 회색을 띠고 있었다.

아, 그런데 이 새의 행동이 가관이 아니었다. 박 처사가 손바닥에다 땅콩을 한 줌 올려놓고 이놈을 부르자, 얼른 날아와서 여유 있게 한 알씩 물고 가는 것이었다. 아니, 이럴 수가!…… 어찌 새란 놈이 겁도 없이 저를 부른다고 사람 손바닥에 날름 앉을 수 있다는 말인가. 아무리 먹이가 있다손 치더라도 그렇지. 허 참……. 나는 혓바닥을 내둘렀다.

"처사님도 해 보세요. 처음에는 힘들지만 사귀면 잘 옵니다."

생면부지의 박 처사, 성도 나중에 안 것이지만 벌써 7년 째 이 산사에 머물고 있다고 했다. 처사處士란 세속을 떠나 잠시 절에 머물고 있는 남자 신도를 말하는데, 나도 집을 떠나 이 절에 와서 잠시 머물고 있으니 영락없이 처사가 된 것이다. 그래서 우리는 서로를 처사라고 불렀다. 나는 최 처사, 그는 박 처사인 것이다.

박처사의 권유에 못 이겨 나도 곤줄박이를 부르기로 했다. 땅콩 한 줌을 왼손 바닥에 올려놓고, 팔을 왼쪽 방향으로 쭉 뻗은 채 곤줄박이가 와서 먹기를 바랐다. 아, 그런데 이놈이 좀처럼 오지를 않았다. 수십 번을 불러도 뭐라고 지저귀기만 할뿐 성큼 날아오지를 않았다. 처음 보는 사람이라서 경계하는 모양이었다. 그만두고 싶은 마음이 솟아올랐다. 겨울 아침이라서 손도 시리고 팔도 아파왔다. 그때였다. 한 놈이 대웅전 처마 쪽으로 오더니 내 쪽을 바라보고 있었다. 고운 줄이 꼬리 쪽으로 흘러내린 것이 영락없는 곤줄박이였다. 한참을 뜸들이더니, 날렵하게 포물선을 그리며 내 손바닥을 향해 날아왔다. 순간 나는 고개를 오른쪽으로 홱 돌렸다. 혹여 이놈과 눈이 마주치면 안 될 것 같았기에.

아, 이 짜릿한 감촉! 이놈이 날아와 내 손바닥에 앉은 것이 틀림없었다. 펼쳐진 손가락 끝에서 전해오는 느낌으로 보아 의심할 여지가 없었다. 야릇하면서도 부드럽고 조금은 무게가 느껴지는…… 이를 뭐라 해야 할까. 새와 나와의 만남, 아니 좀 더 고상하게 자연과 인간의 조우, 좀 더 철학적으로 야생의 정령이 내

몸으로 들어와 하나가 되는 순간, 물아일체物我一體의 경지?…… 살면서 이런 황홀한 순간은 처음이다. 내 평생, 새와 이런 정다운 키스를 해보기는 정말 처음이다.

이놈들이 나와 사귀게 되니까 이제는 걸림이 없어졌나 보다. 아주 자유롭게 내 시선을 의식하지도 않은 채 날아와서 땅콩을 물어갔다. 내가 빤히 쳐다보는데도 오히려 과감히 내 눈과 마주치기도 하고, 손바닥에 앉아서 잠시 여유를 부리기도 했다. 땅콩이 다 떨어지니까 찌이찌 하면서 빨리 달라고 애교 작전까지 폈다. 어떤 놈은 일단 땅콩 하나를 땅에 떨어뜨린 다음 하나를 더 물고 날아가기도 했다. 이것은 곤줄박이가 먹이를 저장해 두는 습관 때문이라고 한다.

참으로 흥미로운 것은, 곤줄박이와 비슷한 새 중에 박새가 있는데 이놈은 사람을 의심하여 땅콩을 그냥 땅에 떨어뜨려 놓아도 먹지는 않으면서, 곤줄박이가 가져다 놓은 먹이를 기가 막히게 알아내서 훔쳐 먹는다는 것이다. 알고 보니, 다른 새들도 곤줄박이 주위를 맴돈 이유가 다 그런 데 있었다. 버는 놈 따로 있고 먹는 놈 따로 있는 것이다.

곤줄박이는 사람의 생김새와 목소리를 알아보는 영리한 새였다. 일단 믿음이 가면 바로 친구가 되어버리는 그런 새였다. 동료의식도 강하여 먹이를 발견하면 혼자 먹지 않고 온 가족을 다 불러 모으는 습성이 있었다. 또한 질서의식도 보통이 아니었다.

손바닥에 땅콩이 아무리 많아도, 서로 신호를 주고받는지 한 마리씩 날아와 물어가곤 했다. 한번은 두 마리가 한꺼번에 날아왔는데 조금이라도 늦게 날아온 한 마리가 바로 양보를 하는 것이었다.

박 처사는 나에게 박수를 보냈다. 곤줄박이와 친구가 된 것을 축하한다는 의미였다. 내일 아침에는 더 잘해보라고 은근히 응원까지 해 주었다. 40대 후반의 박 처사는 이 산사에 살면서 아예 새 아버지가 되어 있었다. 절집 사람들은 이분을 아무 거리낌 없이 새 아버지라고 부르고 있었다. 아, 박 처사! 이분은 누구일까.

건축업을 하던 박 처사는 40대 초반에 이혼을 하고 이 산사에 들어왔다고 한다. 직업이 건축인지라 집을 떠나는 일이 잦았는데, 어느 날 집에 돌아와 보니 아내가 대뜸 이혼을 요구해왔다. 아내를 너무 사랑했던 박 처사는 너무도 당황했다. 집을 비우고 가끔 술을 먹고 좀 안 좋은 행동을 한 것은 사실이지만, 그것이 이혼의 빌미가 될 줄은 꿈에도 몰랐다. 아내에게 사정을 했다. 제발 잘못했으니 용서하고 같이 살자고……. 그러나 아내는 단호히 거절하고 위자료를 요구하며, 심지어는 폭력까지 행사했다. 남자로 태어나 여자에게 처음으로 맞아보았단다. 그런 여자를 혼내주고 싶었으나, 너무도 아끼는 아내였기에 차마 손을 댈 수가 없었단다.

나중에 알았는데, 아내는 이미 바람이 나 있었다. 이걸 안 것은 이혼서류에 도장을 찍어준 후였다. 배신감이 하늘을 찌르고 눈물이 앞을 가려 몇 번이고 자살을 시도하다가 어쩌다 이 산사에까지 오게 되었다고 한다.

아, 새 아버지 박 처사에게 이런 사연이 있을 줄이야! 내가 산사에 머문 지 이틀째 되는 날, 본인에게 직접 들은 이 드라마틱한 인생 역정을 어떻게 글 몇 줄로 펼쳐 보일 수 있나마는, 그 원통한 심정을 내려놓느라 얼마나 마음고생이 심했을까……

새벽 예불마다 관세음보살을 간절히 부르며 염불 삼매에 드는 박 처사의 모습이 왠지 초연해 보였다. 그리고 아름다워 보였다. 부처님처럼 편안한 얼굴이 그렇고, 법당 마루에 온몸을 던져 절하는 오체투지의 모습이 또한 그러했다. 지옥 같았던 번뇌의 고리를 이제는 모두 끊어낸 듯 참으로 평화로워 보였다. 그는 오히려 자신을 배반한 아내를 위해 기도를 올리는 듯했다.

아침 공양을 마치고, 박처사와 함께 절 마당을 쓸고 있었다. 갑자기 곤줄박이 몇 마리가 날아와 찌이찌거리며 내 머리 위를 맴돌았다. 먹이를 달라는 애교성 비행이었다. 박 처사가 얼른 땅콩을 꺼내더니 내 손바닥에 얹어 주었다. 그러면서 씩 웃었다. 아, 말하지 않아도 그의 마음을 알 수 있었다. 새를 사랑하고 상대방을 배려하는 그 마음을…….

새와 사람이 하나가 된다는 그 자체도 아름답거니와, 사람 발길 드문 이 고즈넉한 산사에서 새 아버지가 되어 생명을 양육하고, 이를 통해 자신이 쌓아온 업장業障을 녹여버리면서 참사람으로 거듭 태어난 박 처사! 그는 아마도 곤줄박이를 그토록 사랑했던 아내로 여기는 것 같았다. 그러면서 지난날의 회한을 아름다운 새의 날개에 실어 저 하늘로 날려 보내는 것 같았다.

(2007. ≪문예사조≫ 사화집)

다시 그 해변을 거닐며

옅은 안개구름이 낮게 깔린 잿빛 하늘 모퉁이 사이로 보일 듯 말 듯 붉은빛을 흘리며, 하루의 해가 미끄러지듯 수평선으로 떨어지고 있었다. 겨울 바다는 하늘에서 내려오는 붉은 해를 그 넓은 오지랖으로 받아 안으려는 듯, 미리 두 팔을 벌리며 긴 호흡을 하고 있었다. 마치 헤어졌던 연인이 오랜만에 눈물겨운 해후라도 하는 것처럼…….

해변은 많이 변해 있었다. 지금으로부터 26년 전 겨울, 내가 여기를 찾았을 때와는 너무 다르다. 백사장은 아주 길게 뻗어 있고, 언덕에는 콘크리트 계단이 놓여져 있다. 또한 언덕 위 신시가지에는 빌딩이 즐비하다. 정말로 격세지감이다. 그녀를 만나 해변을 거닐 때와는 천양지차이다.

고교시절 펜팔을 하던 여자 친구가 이곳 해변에 살고 있었다. 그녀와 난 편지를 주고받으면서 학력고사를 마치면 꼭 이 해변에서 만나자고 약속했다. 내가 살고 있는 곳은 바다가 없으니 나는 늘 바다가 보고 싶다고 했다. 그녀는 그렇다면 이곳 해변으로 와서 바다를 실컷 구경하라고 했다. 자기 아버지가 선장이라서 바다를 잘 안다고 했다. 가끔 사진을 보내왔는데 대부분이 바다나 배를 배경으로 한 것들이었다.

지금 생각하면 쑥스럽지만, 바다 한번 보지 못한 그때의 나로서는 바다가 그리움의 대상이었다. 그래서 공부를 하면서도 늘 바다 풍경을 떠올렸다. 바다에는 파도가 친다는데 얼마나 높이 칠까, 바다에서 섬이 보인다는데 섬은 어떻게 생겼을까, 또 그곳이 하얀 모래로 된 해수욕장이라는데 얼마나 길게 펼쳐져 있을까, 배는 바다 위를 어떻게 떠다닐까…….

그때의 추억이 파도처럼 밀려왔다. 나는 당시를 떠올리며 백사장을 거닐어 보았다. 해는 벌써 수평선 가까이로 더 밀려 내려와 검푸른 바다와 짜릿한 키스를 즐기고 있었다. 황금물결은 아까보다 더 길게 늘어져, 마치 수만 마리의 고운 색 나비들이 바다 위에 노니는 것처럼 반짝거린다. 겨울 해변이라서 그런지 조금은 썰렁하다. 이따금 군데군데 가족 단위의 사람들이 보이고, 드물게 저쪽에서 몇 쌍의 연인들이 보인다.

그녀가 보내온 사진 한 장을 바바리코트 안쪽에 깊숙이 넣은 채, 기차를 타고 처음으로 이 해변을 찾아온 그때의 나……. 그녀가 실제로 어떻게 생겼는지 보고 싶었고, 또한 그녀가 편지에서 그토록 찬양한 바다가 얼마나 아름다운지 확인하고 싶었다.

나는 당시 그녀를 해변에서 가장 가까운 역에서 만나기로 했다. 서울에서 출발한 장항선 열차가 천안을 거쳐 종착역인 장항으로 향하다가, 잠시 숨을 고르는 곳이 바로 이 역이다. 나는 천안에서 기차를 탔는데 그때의 서해안 농촌 풍경이 그렇게 고즈넉할 수가 없었다. 산도 별로 없고 넓은 평원이 끝없이 펼쳐져 끝내는 바다와 맞닿아 있는 듯했다.

역에 내리면 그녀가 역 마당에서 기다린다고 했다. 편지만을 주고받다가 실제로 그 주인공을 만나러 간 것이다. 아, 이 얼마나 마음 설레는 일인가! 기차 안에서 내내 가슴이 쿵닥쿵닥 뛰어서 도저히 주체할 수가 없었다. 과연 그녀가 어떻게 맞이해 줄까, 웃을까 아니면 심각할까, 무슨 옷을 입고 있을까, 첫 마디는 무어라 할까, 혹시 역이 복잡하여 못 찾는 것은 아닐까, 만에 하나 그렇게 되면 어떡하지……. 궁금증에다 초조와 불안 등이 뒤범벅이 되어 온통 머리가 혼란했다.

열차가 역에 가까워지자 이건 웬 눈, 하얀 눈이 쏟아지고 있었다. 아, 하늘이 우리의 만남을 축복해 주려나……. 시를 좋아하던 나는 그렇게 의미를 부여했다. 기차가 긴 호흡을 고르며 역에 서자, 나는 펑펑 내리는 눈을 맞으며 플랫폼을 빠져나왔다. 시골간이역이라 그런지 역사가 허름했다. 사람들도 그렇게 많지 않았다. 나는 속으로 다행이구나 생각하며 역사 바깥으로 나왔다.

아, 저기! 사진과 똑같이 생긴 그녀가 우산을 들고 서 있었다. 그녀는 나를 보더니 얼른 와서 우산을 씌워 주었다. 그러면서 싱긋 웃었다. 나는 겸연쩍어서 말도 못 꺼내다가, 한참 후에야 바다가 어디냐고 물었다. 그녀는 바다를 가려면 저쪽으로 가서 버스를 타야 한다고 하면서 나를 안내했다. 그동안 편지를 2년 정도 주고받아서 그런지, 말하지 않아도 서로의 마음을 훤히 알 수 있을 것 같았다. 얼굴은 사진에서처럼 갸름하고 귀여운 형이었다.

우리를 태운 버스는 해안을 향해 한참을 달렸다. 차창 밖으로 비쳐지는 모습이 바다가 보일 것 같지 않은 시골 풍경의 연속이었다. 드디어 버스가 종착역에 도착했다. 그녀는 여기가 자기가 사는 동네라고 하면서 나를 장터 골목길로 안내했다. 아, 그랬구나. 일주일에 한번씩 쓴 내 편지가 이 동네로 배달되었구나. 잠시 생각하는 동안 장터 안길로 쑥 들어섰다. 내가 사는 시골 장터와는 너무도 달랐다. 난전에 내놓은 것이 모두가 해물천지였다. 오징어, 갈치, 젓갈, 조개, 미역……. 한참을 그렇게 장터 길을 빠져 나오자, 마침내 큰 언덕배기가 나왔다. 방풍림이 심어져 있고, 나름대로 강둑처럼 긴 제방이 펼쳐졌다. 아, 바다다, 바다! 바다가 저렇구나. 열아홉 살 먹은 나는 난생처음 바다를 내 발로 걸어와 목격한 것이다.

내가 감탄을 하니까 그녀도 덩달아 기분이 좋은지 이곳저곳을 설명하기 시작했다. 여기는 해수욕장이고, 저기 길게 늘어져 있는 것은 부두이고, 저기 멀리 보이는 것은 등대이며, 더 멀리 희미하게 보이는 것들은 섬이다. 오른손으로 눈 위에 차양을 하고 멀리 바라보니, 정말로 크고 작은 섬들이 눈에 들어왔다.

그녀와 해변을 거닐었다. 아, 이럴 수가! 바닷바람이 얼마나 매섭고 살을 에는지 잠시도 서로 얼굴을 마주할 수가 없었다. 이가 시리고 떨려서 윗니와 아랫니가 부딪쳐 소리가 나는가 하면, 칼바람이 쉴 새 없이 바바리코트를 비집고 들어와 맨살을 도려내는 듯 온몸이 아려왔다. 양 볼은 금방이라도 터질 것처럼 시리다 못해 아프기까지 했다. 세상에, 겨울바다가 이렇다는 말인가. 바람 때문에 그녀와 말 한마디 주고 받을 수가 없었다.

거기다 멈추었던 눈까지 다시 몰아쳐 도저히 해변을 더 이상 거닐 수가 없었다. 나는 순간 그녀를 바라보았다. 입은 것이라곤 스웨터와 거기에 달랑 털모자와 목도리가 전부였다. 춥지 않느냐고 물으니 오히려 나를 걱정하는 눈치였다. 역시 해변에서 자란 바다소녀 같았다. 바다가 없는 내륙의 시골에서 자란 나와는 내성이 근본부터 달랐다.

이런 낭패가 어디에 있나. 아름다운 바다 풍경은 고사하고 해변도 거닐 수 없다니! 나름대로 낭만을 꿈꾸었던 나로서는 실망이 이만저만이 아니었다. 어쩔 수 없이 우리는 장터로 다시 돌아갈 수밖에 없었다.

겨울 하루 해는 너무도 짧아 헤어질 시간이 다가왔다. 나는 꼭 한 번 그녀의 손을 잡고 싶었다. 그 바람 치는 해변을 거닐면서도 한 번 정도는 손을 내밀고 싶었다. 그런데 그게 되지를 않았다. 2년 동안 글로 서로 마음을 주고받았으니 내가 손만 내밀어도 그녀의 손이 다가왔을 텐데 나는 끝내 그러지를 못했다. 오히려 그녀가 먼저 손을 내밀어 주기를 은근히 바랐으니, 나도 참 어지간히 바보였던 것 같다. 아니, 글로 마음은 전하면서도 행동은 보여주지 못하는 용기 없는 못난이였던 같다.

이제 해는 완전히 검푸른 바다 속으로 잠수해 버렸다. 물결이 잦아들면서 사람들도 다 떠나고 파도만 무심히 쓸려 내려간다. 이내 바람 한 점 없다. 그때와는 너무도 대조적이다. 그녀와 서서 섬을 바라보았던 언덕배기는 흔적조차 없고, 장터 골목길도 모두 빌딩으로 변하고…….

아, 그녀는 지금쯤 중년의 부인이 되어 있을 것이다. 지금 해변을 거닐며 생각해보니 그때만큼 순수했던 적은 없었던 것 같다. 별을 노래하는 마음으로 편지를 쓰고 서로의 그리움을 띄워 보냈다. 그녀가 나에게 바다를 이야기하면 나는 그 바다 위에 시를 적어 보냈다.

바다는 그래서 나의 영원한 향수가 된 것 같다. 일 년에 한두 번 정도는 꼭 바다를 보러 혼자 떠난다. 아, 그때의 바다소녀가 내 안에 늘 그리움으로 살아 있어서일까? (2007. ≪충주문학≫ 25집)

요양원 할머니들

조심스럽게 거실 문을 열자 할머니들이 일제히 나를 바라보았다. 멈칫 하면서 인사를 건네자 할머니들의 표정이 각양각색이다.

고개를 숙이고 있다가 거슴츠레한 눈을 간신히 치켜뜨시는 분, 아랫입술을 축 늘어뜨린 채 실루엣 같은 웃음을 입가에 흘리시는 분, 거실 바닥에 그냥 드러누워서 고개만 살짝 들었다가 다시 떨구시는 분, 구석 모퉁이에 웅크리고 앉아서 아무 표정 없이 물끄러미 쳐다보시는 분…….

거실에 발을 들여놓으니, 이상야릇한 냄새가 코를 찔렀다. 입원 병동의 냄새라고 할까, 대소변을 치우고 난 후의 아직 가시지 않은 냄새라고 할까. 화장실 쪽에 대소변을 볼 수 있도록 임시 변기를 설치해 놓았고, 벽면 쪽으로는 한두 개의 침대가 놓여 있었다. 창문 쪽으로는 채널을 고정해 놓은 텔레비전이, 그 앞으로는 소파가 양쪽으로 나란히 있었다.

가만히 둘러보니까, 할머니들이 거실에만 계신 것이 아니었다. 3개의 큰 방이 있는데 방마다 침대가 놓여 있고, 중증의 할머니들이 침대에 누워서 혹은 바닥에 간신히 앉아서 노환을 견디고 있었다. 내가 인사를 건네자 마치 가족이나 만난 듯이 반가워하며 어쩔 줄을 몰라 했다.

한 해가 저물어가는 12월 끝자락에 몇 명의 학생들과 함께 학교 인근의 노인 요양원을 방문한 터였다. 천주교의 배론 성지가 있는 얕은 야산의 양지 바른 곳에 요양원이 있었는데, 이런 곳은 난생처음이라서 내심 흥분되고 떨리기도 했다.

대부분의 할머니들이 연세가 80세 이상으로 몇 분은 90세를 넘긴 분도 계셨다. 그러면서 한결같이 병을 앓고 계셨다. 마냥 누워만 있는 할머니, 일어나 앉을 수는 있으나 팔에 힘이 없어 마치 전기 먹은 사람처럼 덜덜 떨고만 있는 할머니, 대소변을 못 가려 시도 때도 없이 옷에 실례를 하는 할머니, 치매에 걸려 뭐라고 하면 엉뚱한 말을 막 늘어놓는 할머니, 귀가 먹어 무슨 말을 해도 알아듣지 못하는 할머니, 정신적 충격으로 인하여 실어증에 걸려 아무 말도 않고 마냥 구석에 웅크리고 있는 할머니, 시키지도 않는데 방바닥만 닦는 할머니, 계속 무어라 하면서 중얼중얼대는 할머니…….

가슴이 울컥하며 눈물이 핑 돌았다. 나는 한 분 한 분 할머니들의 손을 잡으며 어디에서 오셨느냐, 자식은 얼마나 두셨느냐, 어디가 얼마나 편찮으시냐 여쭈면서 말을 건넸다. 그러면서 어깨와 팔을 주물러 드렸다. 순간 할머니들의 얼굴에 파안破顔의 미소가 흘렀다.

조금 있으려니, 봇물 터지듯이 자신들의 인생사를 끄집어냈다. 그러면서 말끝에는 어김없이 "왜 안 죽는지 몰라. 하루라도 빨리 저세상으로 갔으면 좋겠어."를 연발했다. 자식을 묻자, 어떤 할머니는 "다들 잘 풀렸지. 그런데 나를 이렇게 여기에 맡겼어. 자식들도 먹고 살아야지."라고 말하고, 또 어떤 할머니는 "자식 없어. 어디 있는지 몰라. 오지도 않어."라고 말했다. 자식에게 맺힌 서운함과 울분을 거침없이 쏟아냈다.

내가 가만히 들어주니까, 자신의 처녀 시절부터 시작하여 그동안 살아오면서 겪었던 파란만장한 인생 역정을 실타래처럼 풀어내었다. 고생하며 자식 키운 이야기, 할아버지가 참 잘해 주었는데 얼마 전에 죽어버려 결국 이곳에 오게 되었다는 이야기, 몸이 안 아프면 자식들 집에 그냥 있을 수도 있었는데 그만 걸을 수가 없어 어쩔 수 없이 자식들이 여기에 맡겼다는 이야기, 손자들이 너무 보고 싶다는 이야기……. 하루 종일 들어도 다 담을 수 없는 눈물 나는 이야기들이었다.

그래도 이야기를 할 수 있는 할머니들은 행복한 분들이었다.

아무 말도 못하고 마냥 누워만 있는 할머니, 치매에 걸려 어떤 말도 통하지 않는 할머니, 귀가 먹어 아무것도 알아듣지 못하는 할머니를 바라볼 때는 마치 은산銀山 철벽을 마주 대한 듯 가슴이 꽉 막혀 왔다.

그동안 할머니들의 존재를 까마득히 잊고 살았다. 어린 시절 나는 할머니와 같이 살았는데 우리 할머니는 그야말로 집에서 왕이었다. 식사 시간이면 할머니가 먼저 드셔야만 먹을 수 있었고, 좋은 반찬이라도 올라오는 날이면 반드시 그것은 할머니 앞에 놓여 있어 감히 숟가락이 가지 않았다. 어린 마음에 할머니가 좀 덜 드시고 우리에게 남겨 주셨으면 하는 마음을 품곤 했는데, 할머니는 그 마음을 어떻게 꿰뚫어 보셨는지 "이거 애들 줘라." 하면서 건네곤 했다.

언젠가는 이런 일도 있었다. 그때는 사탕도 엿도 귀한 시절이라서 그런 것이 들어오면 곧장 할머니 전용 벽장으로 직행했다. 할머니 입이 심심할 때 언제든지 꺼내어 드시라는 아버지의 정성스런 배려였다. 아버지는 독자라서 할머니가 당신을 키워준 은덕에 보답하고자 무척이나 노력하는 분이었다. 나는 그런 것을 잘 알면서도 어찌나 사탕이 먹고 싶었던지, 할머니가 마실(이웃집에 놀러간다는 뜻의 사투리) 간 틈을 타서 사탕 한 줌을 주머니에 넣어가지고 밖에 나간 적이 있다. 이걸 어떻게 아셨는지 집에 들어오자 아버지가 불호령을 내렸다. 그러자 할머니는 "그만해라. 그만해." 말리면서 오히려 사탕을 꺼내어 내 손에 안겨 주었다. 그때 내 눈에는 닭똥 같은 눈물이 왈칵 쏟아졌었다.

또한 나의 할머니는 때로는 소꿉동무요, 때로는 심리 치료사였다. 할머니의 연세가 시나브로 들어가자, 허리가 기역자로 굽으면서 지팡이가 없으면 한 발자국도 걷지 못하는 상황이 되었다. 나는 얼씬하면 할머니를 꼬부랑 할머니라고 놀리기도 하고, 장난기가 발동하여 지팡이를 숨겨놓기도 했었다. "사탕 하나 주면 지팡이 주지." 하고 할머니 하고 거래 아닌 거래를 하곤 했었다. 동네 친구들하고 싸우고 난 뒤 코피가 터져 엉엉 울고 들어왔을 때, 또 누나에게 대들었다고 어머니에게 부지깽이로 실컷 맞은 후 외양간 옆에서 울고 있을 때 그 분한 마음을 위로해 준 분은 다름 아닌 할머니였다. 할머니는 그렇게 나의 마음을 치료까지 해주신 신통한 의사이기도 했다. 할머니는 늘 손자들 곁에 있었고, 나름대로 대접을 받다가 행복하게 세상을 뜨셨다.

요양원 창문을 비치던 겨울 햇살이 숨을 헐떡이며 서산 너머로 물러가고 있었다. 하루 종일 밖에 나가는 것을 엄두도 못내는 할머니들은 해가 기울자 시무룩한 표정을 지으며 창문을 바라볼 뿐이었다. 축 늘어진 눈가에 애증의 그림자가 드리워져 강물 같은 슬픔이 흘러내릴 것 같았다. 아니, 이제는 달관이라도 한 듯 언젠가는 넘어야 할 죽음의 산을 고요히 응시하는 것 같았다.

아, 나도 언젠가는 저렇게 될 텐데……. 나의 미래 모습이 뇌리에 클로즈업 되면서 저 석양의 나무 그늘처럼 길게 늘어졌다. 며칠 전 신문에서 읽은 '9988234'라는 숫자가 불현듯 떠올랐다. 99세까지 팔팔(88)하게 살다가 이틀(2) 준비하고 삼 일(3) 앓다가 죽는다(4)는 뜻이다. 이 얼마나 아름다운 삶이요 죽음인가.

그런데 요양원 할머니들에게 작별의 손을 잡으며 인사를 하고자 하니, 이 숫자는 너무도 낯설게 느껴졌다. 이 숫자는 할머니들에게 무지갯빛 환상이며, 다만 나의 노후 희망일 뿐임을 불현듯 깨달았기 때문이다.

(2007. ≪문예충북≫)

우리 집 '룰루'

룰루는 우리 집 강아지 이름이다. 처음에는 '순정'이었는데 노는 모양이 하도 까불어 대서 '룰루'라고 개명했다. 어찌나 룰루랄라 꼬리를 흔들고 눈치가 빠르고 행동이 잽싼지 순정이란 이름은 도무지 어울리지가 않았다. 룰루 하면 화장실 비데를 생각할지 모르는데, 우리 집 룰루 역시 비데만큼이나 기분을 상쾌하게 해 준다.

아침에 눈을 뜨면 제일 먼저 반기는 것은 아내도 아니요 자식도 아니요 바로 이 룰루이다. 아내가 식사 준비를 위해 먼저 일어나 안방 문을 조용히 열고 나가면, 그 틈을 이용하여 안방으로 쏙 들어온다. 두말할 필요 없이 나를 깨우러 온 것이다. 그 시간이 마치 약속이나 한 듯이 거의 정확하다.

내가 눈을 뜨지 않으면 룰루는 마냥 곁에서 기다린다. 일요일 같은 경우 늦잠이라도 즐길 요량으로 그대로 이불 속에 있으면 어디선가 룰루의 숨소리가 들린다. 이미 의식은 깨어있기 때문에 놈의 숨소리를 금방 알아차리는 것이다. 어떻게 하나 보려고 다리를 슬쩍 뒤척여 본다. 순간 이때다 하고 룰루는 자신이 와 있음을 조심스럽게 알린다. 아주 낮은 톤으로 '웡웡' 하고 소리를 낸다. 마치 사랑하는 사람이 편안한 잠에서 깰까봐 마음 저어하면서도, 빨리 눈을 떠서 자신을 그윽하게 바라봐 주기를 열망하는 것처럼, 그런 가슴 울림의 소리를 나에게 보낸다.

드디어 내가 눈을 뜨고 룰루와 눈이 마주친다. 순간 알지 못할 스파크가 일어난다. 하얀 백색의 보숭보숭한 털 사이로 보일까 말까 하는 검은 두 눈을 그윽하게 뜨고 바라보는 그 광경이야말로, 굳이 동물애호가가 아니더라도 누구나 저절로 가슴 뭉클함을 느끼기에 충분하다. 룰루의 구애 작전은 여기서 끝나지 않는다. 내가 좀 반응을 보이면 꼬리를 흔들면서 이리저리 몸을 까불어 대고, 몸을 납작 엎드렸다가 앞다리와 뒷다리를 쭉 펴고 앉아 있는가 하면, 어느 순간 벌떡 일어나 앞발을 들어올려 마치 손을 내미는 듯 이불을 툭툭 치기도 한다. 그때 바로 내가 신호를 보낸다. 왼손으로 오른쪽 팔뚝을 툭툭 치는 것이다. 내 곁에 와도 좋다는 허락의 표시이다.

이때다 하고 룰루는 잽싸게 내 오른쪽 옆구리로 파고든다. 그리고는 팔에다 목을 턱하니 걸친다. 몸길이가 30센티미터밖에 안 되는 작은 체구에다 워낙 날씬하기 때문에 자그마한 인형처럼 쏙 들어온다. 그러면 나는 목덜미부터 가슴 배까지 사랑스럽게 쓰다듬으며 "룰루 잘 잤어?" 하면서 인사를 건넨다. 순간 룰루의 가슴 뛰는 소리가 손에 잡혀지고, 이내 감정을 추스르지 못하여 거친 숨을 토해낸다.

뭐라 할까. 마치 아침에 고이 잠든 낭군을 어렵게 깨워 품에 안긴 갓 시집 온 색시 같다고나 할까. 아니면, 집 나갔다가 부모의 품으로 돌아와 너무 보고 싶었다며 흐느끼는 자식 같다고나 할까. 하는 행동이 사람과 조금도 다르지 않다. 여기서 좀더 예뻐해 주면 혓바닥을 내밀어 내 팔뚝을 정성스럽게 핥는다. 그 감촉이 처음에는 징그러웠는데 지금은 귀여울 뿐이다. 한 생명의 지고한 사랑 표현으로 느껴지기 때문이다.

나는 처음에 강아지를 집에서 키우는 것에 대하여 무척 반대했다. 강아지는 강아지대로 자유롭게 살아야지, 왜 인간의 즐거움을 위하여 집에다 옭아매어 놓고 기르느냐, 이것은 동물 학대요 인간 이기주의적인 발상이다, 또 강아지 오줌똥 싸고 짖고 하는 것이 싫다, 그리고 이웃집에게 방해가 되면 어떻게 하려고 그러느냐 등등 갖가지 논리를 내세우면서 아내와 딸, 그리고 아들을 설득했었다.

그러나 나 외에는 모든 가족이 강아지를 기르자고 야단이었다.

강아지가 아니라 애견이라는 것이다. 요즘 애견은 오줌똥도 잘 가리고 어떻게 길들이냐에 따라 짖지도 않고 미용을 해주면 너무도 사랑스럽다는 것이다. 모든 것을 떠나 그냥 강아지를 꼭 키우고 싶다는 것이었다. 여기에는 어떤 논리도 주장도 먹혀들어가지가 않았다. 결국 나는 두 손을 번쩍 들었고, 당장 애견센터에 가서 강아지를 사오고야 말았다.

옛날 어린시절 시골에서 자랄 때, 우리 집에는 언제나 누렁이 몇 마리가 있었다. 내가 학교 갔다 돌아오면 제일 먼저 반겨주는 것은 이 누렁이들이었다. 다른 사람이 오면 짖어도 내가 들어오면 용하게 짖지 않고 꼬리를 흔들어 주었다. 그래서 개는 참 신기한 존재이고, 자신을 길러주는 주인을 지켜주는 좋은 친구라고 생각했다. 그런데 어느 날 학교를 파하고 집에 돌아오니, 우리 누렁이가 동네 느티나무 가지에 목이 매달려 있었다.

아, 그때의 충격은 이만저만이 아니었다. 아버지가 돈을 마련하고자 우리 집 큰 누렁이를 동네 사람들에게 팔아넘긴 것이었다. 사람들은 몽둥이로 인정사정없이 패댔고, 누렁이는 몸을 쭉 뻗은 채 혀를 길게 빼고 똥을 질질 싸고 있었다. 나는 그 광경을 차마 보지 못하고, 어린 가슴을 움켜쥐면서 아버지에게 달려갔었다. 도대체 아버지는 왜 누렁이를 저렇게 죽게 만드느냐, 돈이 그렇게 중요하냐 하면서 고래고래 소리를 질러댔었다. 그런데 더 가슴 막히게 한 것은 아버지의 무표정이었다. 막 울면서 소리쳐

대도 아버지는 그냥 하던 일만 하고 계실 뿐이었다.

아, 아버지는 그때 왜 아무 말도 하지 않은 걸까. 철없는 나를 가만히 질책이라도 한 걸까. 아니면 어린 나에게 삶과 죽음에 대한 화두話頭를 말없이 던져준 걸까…….

어린 시절의 누렁이와 지금의 룰루는 처지와 신세가 너무도 다르다. 룰루를 보면 그때의 누렁이가 너무 안쓰럽게 떠오른다. 개도 애견으로 태어나느냐, 아니면 그냥 개로 태어나느냐에 따라 대접이 이렇게 다르다니!

우리 집 룰루는 아마 네 번째 강아지로 기억된다. 아주 어렵게 우리 가족이 된 것이다. 어떤 놈은 털이 너무 날린다고 일주일 만에 도로 갖다 주었고, 또 어떤 놈은 너무 짖는다고 반값에 팔아 넘기고, 또 어떤 놈은 시름시름 앓다가 죽어버리기도 했다. 딸아이는 죽은 강아지를 마치 사람 장례를 치르듯이 양지바른 곳에 고이 묻어주기까지 했다. 그런데 지금의 룰루는 털도 날리지 않고 짖지도 않았다. 무엇보다 신통한 것은 한 달 만에 오줌똥을 가렸다는 사실이다.

한번은 룰루가 되게 아픈 적이 있다. 갑자기 쓰러지더니 일어나지를 못했다. 가족들은 야단이 났다. 그중에서도 딸의 표정이 보통 심각한 것이 아니었다. 순간 닭똥 같은 눈물을 뚝뚝 흘리면서 룰루를 껴안고는 어쩔 줄을 몰라 했다. 룰루가 정신을 차리고 좀 괜찮아지니까 그때서야 한숨을 돌리나 싶었다. 그러더니 난데

없이 절을 하기 시작했다. 우리 집에는 관세음보살상이 그려진 액자가 거실 벽에 걸려 있는데, 그곳을 향하여 '관세음보살'을 간절히 부르면서 절을 하는 것이었다. 가만히 지켜보니 108배를 하는 것이 아닌가!

아, 그랬구나. 세상에 그토록 강아지를 좋아하고 생명을 사랑했구나. 나는 그때부터 우리 집 룰루를 한 가족처럼 동일시하기 시작했다. 딸이 저렇게 좋아하는 것을 내가 미워하다니! 스스로 반성하기 시작했다.

밖에 나갔다 집에 들어오면 가장 반기는 친구는 역시 룰루이다. 현관문을 열면 어김없이 꼬리를 흔들며 마중을 나온다. 어떻게 자기 식구를 정확하게 알아맞히는지, 이때 절대 짖는 법이 없다. 반면에 초인종이 울리면 막 짖는다. 우리 집 식구가 아니라는 뜻이다. 참으로 신령스럽기까지 하다. 개는 영물이라는 옛말이 틀린 말은 아닌 듯싶다.

아, 룰루가 어릴 적 누렁이가 환생한 거라면 좋겠다. 그렇다면 나는 룰루를 더욱 사랑하리라. 몽둥이세례를 받으며 비명에 간 누렁이에게 깊은 참회를 하기 위해서라도…….

(2007. 1.)

2부

어머니의 손전등

전생의 빚

내가 잘 아는 선배가 있다. 훤칠한 키에 성품이 온화하고 말수가 적은 편이다. 전공이 수학이라 그런지는 몰라도 어쩌다 하는 말을 들으면 예리하고 논리적이다. 이 선배와의 인연이 벌써 10년이나 되었다. 왠지 전생에서 형 아우로 지낸 것처럼 언제 만나도 친근하고 반갑다.

찜통더위가 태풍 한방에 꼬리를 내릴 즈음의 어느 주말이었다. 갑자기 나를 만나러 오겠다고 전화가 왔다. 마음이 허황하니 어디 조용한 산사가 있으면 같이 가자는 거였다. 그분이나 나나 산사에 가는 것을 무척이나 좋아한다. 이리저리 생각하다가 내가 살고 있는 충주에서 1시간 정도 거리에 있는 금수산 정방사를 가기로 했다. 운전은 선배가 하기로 하고 나는 안내를 맡기로 했다.

금수산 정방사淨芳寺! 이미 나는 이 절과 인연이 있어 하룻밤을 의탁했던 적이 있다. 무엇보다 흥미로운 것은, 이 절에 주절주절 서려 있는 전설 같은 이야기이다. 선배에게 호기심을 자아낼 겸 자동차 안에서 이야기보따리를 풀어냈다. 선배는 워낙 말수가 적기 때문에 내가 옆에서 때로는 웃음을 자아내며, 때로는 열을 내며, 때로는 마치 동화구연을 하듯이 이야기를 이끌어가는 것을 좋아한다.

선배에게 이야기한 것은 정방사의 창건에 얽힌 설화이다. 정방사는 신라시대 의상대사가 세웠다고 하는데, 대사의 문하에 '정원淨圓'이라는 제자가 있었다. 이 제자가 천하를 두루 돌아다니다가 어느 순간 미묘한 불법의 세계를 홀연히 깨우쳤다. 그래서 이제는 스승을 찾아가 이를 고하고, 뭔가 본격적으로 불법을 널리 펼 수 있는 방법이 없는가를 묻고자 했다. 수소문 끝에 스승인 의상대사가 원주의 어느 토굴에서 정진하고 있다는 사실을 알게 되었다.

정원이 대사 앞에 나아가 무릎을 꿇고 깨달은 내용을 고하고는 앞으로의 포부를 밝히자, 갑자기 의상대사가 지팡이를 하늘로 홱 날리었다. 그러면서, "이 지팡이를 따라가라. 이 지팡이가 멈추는 곳에 절을 지어라. 그곳에 가면 산 밑에 마을이 하나 있는데 윤씨 댁이 있느니라. 그 댁을 찾아서 사정을 말하면 도움을 얻으리라." 고 하는 것이었다.

정원은 지팡이가 하늘을 둥둥 떠가는 것을 보고 남으로 남으로 내려오다가, 지팡이가 떨어진 바로 이곳 금수산 자락에서 멈추었다. 과연 산 아래에 마을이 있어 윤씨 댁을 찾으니, 꿈에서 벌써 의상대사를 뵈었노라고 하면서 흔쾌히 도움을 주었다. 그래서 그 곳에 절을 지었는데, 정원의 정淨자와 아름다운 산세를 지녔다는 뜻의 방芳을 합쳐서 정방사라 했다.

이야기를 하는 동안, 벌써 충주호를 가로지르는 긴 아치형 철교를 지나 제천 방향으로 가고 있었다. 조금 더 진입하자, 기암절벽이 병풍처럼 펼쳐진 금수산이 나타나기 시작했다. 마치 비단에 수를 놓은 듯 아름답다 하여 금수산錦繡山이라 했다.

산모퉁이를 휘휘 돌아 계곡물 소리를 들으며 적송 숲을 향하여 오르고 또 오르니 드디어 정방사가 나타났다. 순간 선배의 눈이 휘둥그레졌다. 세상에, 어떻게 이런 곳에 절을 지었냐는 표정이다. 절벽도 보통 절벽이 아니려니와, 대웅전 뒤로 높이 솟아오른 석장승 같은 큰 바위가 당장이라도 쿵하고 떨어져 전각을 덮칠 것만 같다. 지난 겨울 여수 향일암에 갔었는데 그 모습과 너무 흡사하다. 거기도 보통 절벽이 아니었다. 향일암이 절벽 아래로 드넓은 바다가 펼쳐져 있다면, 여기 정방사는 그 아래로 청풍호가 아기자기하게 펼쳐져 있다. 청풍호는 다목적댐인 충주댐이 만들어지면서 생긴 담수호이다.

선배와 나는 도량 난간에 서서 청풍호를 바라보며 두런두런 이야기를 나누고 있는 중이었다. 이때였다. 선배가 순간 뒤를 돌아보았고, 때를 맞추어 요사 한켠에서 어떤 중년의 남자가 방문을 열고 나왔다. 서로 눈이 마주친 순간, 선배는 마치 외나무다리에서 원수를 만난 것인 양 실루엣 같은 허튼 웃음을 흘리었다. 아, 이들에게 무슨 비밀이 있을까? 혹시 그 사람을 만난 것은 아닐까? 예감이 심상치 않았다. 아니, 이것은 육감이라고 보아야 한다. 내 전신에 그렇게 신호가 왔다.

내 육감은 정확하게 맞았다. 바로 선배는 이 정방사에서 그렇게 원망하던 원수 같은 친구를 만난 것이다. 원망하다 못해 이제는 모든 것을 내려놓고 기억 저편으로 떠밀고 싶은 친구, 그 고향 친구를 거의 10년 만에 만난 것이다. 은행에서 사업자금을 빌린다며 보증을 서달라고 해서 그냥 아무 생각 없이 도장을 찍어준 것이 화근이었다.

그런데 부도가 나서 그 엄청난 은행 빚을 선배가 떠안고 말았다. 월급은 차압당하고 버는 돈이란 족족 친구 빚 갚아주는데 써야 했다. 주위의 도움이 있긴 했지만 그것을 갚는데 꽤나 오랜 시간이 걸렸다. 어떨 때는 자살하고픈 마음이 솟구쳐 올라서 혼자서 많이도 울었다고 했다. 아, 이런 악연이 어디 있을까. 여기서 그 사람을 만나다니!…….

우리가 조금만 더 늦게 정방사에 올라왔어도 그 친구를 만날 수 없었고, 또 올라와서 청풍호를 내려다보지 않고 저쪽 전각 쪽으로 갔어도 그 친구를 만나는 것은 불가능한 일이었다. 참으로 희한한 일이었다. 서로 만나 이야기하는 것을 얼핏 보니, 선배에 비해 그 친구가 훨씬 나이 들어보였다. 얼굴이 야위고 머리는 벚꽃처럼 희었다. 어지간히 숨어 다녔는가 보다. 선배도 선배지만, 부도가 나서 이곳저곳을 유랑민처럼 떠돌아다녔을 그 친구 분을 생각하니 한편으로 참 안됐다는 생각이 들었다. 그 친구가 절 아래로 사라진 후 나는 조심스럽게 선배에게 물었다.

"지금 마음이 어떻습니까?"

"다 내려놓았다고 했잖아……. 오히려 마음이 편해."

믿기지 않겠지만, 솔직히 말하건대 선배의 얼굴은 평온 그 자체였다. 정말 의외였다. 어떻게 그럴 수 있을까. 자신의 돈을 앗아가 버린 원수 같은 친구를 찾다 찾다 10년 만에 이렇게 만났는데……. 웬만한 사람 같았으면 귀싸대기를 몇 대 때리고 발길질을 하며 실컷 욕을 해댔을지도 모른다. 내 돈 갚으라고 하면서. 그런데 선배는 그렇게 하지 않았다.

혹시 정방사에서 만나서 그런 것은 아닐까? 도량이 주는 관용, 아량, 자비, 용서, 그리고 전설 같은 이야기가 주절주절 서려 있는 정방사라서……. 아, 만일 그렇다면 신비로운 일이다. 의상대사의 지팡이가 하늘을 휭휭 날아다니다가 하필이면 이곳 정방사 자리에 꽂힌 것처럼, 그 친구도 온 산천을 휘휘 숨어서 돌아다니다가 그래도 빚을 갚아준 친구를 만나려고 이곳 정방사에 불현

듯 나타났음이라.

나는 선배에게 나직이 말했다.

"전생에 그 친구 분에게 많은 빚을 졌는가 봅니다. 그러니 현생에서 빚보증을 서게 되고, 결국 그분의 빚을 갚게 되지요. 전생에 진 빚 갚았다 생각하세요."

선배는 나의 말에 고개를 끄덕끄덕했다. 그리고는 아무 말이 없었다. 마치 득도한 사람인 양 빙그레 미소를 흘리며 대웅전 뒤 바위만 바라보았다. 혹시 절 이야기를 떠올리며 자신의 전생을 살폈을지 모른다.

원인 없는 결과가 어디 있으랴. 세상사 모든 것이 한 치의 오차도 없이 인과因果의 그물에 얽혀 있는 것을. 내가 선배와 만난 것도, 우리가 만나 정방사에 온 것도, 정방사가 이 자리에 생긴 것도, 그리고 선배가 그 원수 같은 친구를 이 순간 정방사에서 만난 것도, 따지고 보면 다 인과에 의한 것이다.

눈이 어두워 보지 못하고 지혜가 없어 알아차리지 못하는 것일 뿐이다. 나는 이것이 늘 두렵다. 혹시 부지불식간에 인과를 만들고 그것을 알아차리지 못하고, 끝없이 악의 구렁텅이에 빠져들고 있는 것은 아닌지…….

(2007. ≪충주문학≫ 25집)

도랑 길 추억

어쩌다 고향에 가노라면 그 옛날 도랑 길이 떠오른다. 지금은 사라져 흔적조차 없지만, 어린 시절 걸으면서 알토란 같은 추억의 알갱이가 심어져 있는 그 길이 새록새록 살아나온다.

길이 끝나는 곳에 나의 고향 마을이 있었다. 사방이 산으로 둘러싸여 있어 만일 길이 없다면 그 누구도 여기에 사람이 살리라고 짐작조차 할 수 없는 그런 곳이다. 이곳에 도랑이 나 있었다. 산에서 내려오는 여러 줄기의 물이 합쳐져서 제법 많은 양의 물이 도랑을 이루고 있었다.

도랑물을 따라 길이 나 있었다. 이름 하여 도랑 길이다. 그 길은 이십여 리를 흘러 강줄기와 만나는데, 나는 어린 시절 그 길을 따라 학교를 다녔다. 길옆으로 쭉 도랑이 이어지다가, 어디쯤 가서는 도랑이 저만치 떨어져 흐르기도 했다. 그럴 땐 영락없이 길과 도랑 사이에 논이나 밭이 있었다. 또 어디쯤 가서는 도랑과 길이 만나는 지점이 있었다. 그 지점은 길이라고 해야 할지, 도랑이라고 해야 할지 애매하지만 굳이 말하자면 징검다리 길이다. 도랑 폭이 넓으면서 그 위에 큰 돌을 놓아 징검다리를 만들었기 때문이다. 여름 장마 때는 이 징검다리가 떠내려가 도랑을 못 건너 학교를 가지 못한 적도 있다.

징검다리를 건너 한참을 가노라면 도랑이 몇 십 미터 아래 낭떠러지 밑으로 흐르기도 했다. 그럴 땐 마치 도랑이 사라져버린 것처럼 눈에 보이지도 않고 물 흐르는 소리마저도 들리지 않는다. 이때의 길은 도랑 길이긴 하지만 언덕길에 가깝다고 보아야 한다. 그만큼 길이 도랑보다 위에 있었기 때문이다. 그 언덕길을 따라 쭉 가다 보면 다시 도랑과 만난다. 도랑 길이 또 이어지는 것이다.

이렇게 도랑은 굽이굽이 구절양장처럼 흘러가면서 옆으로 길을 만들어냈다. 흘러가는 물길이 곧 사람길이 된 것이다. 그 길은 그러하기에 물이 가지고 있는 품성을 그대로 지니고 있었다. 말하자면 자연미의 산 교과서가 된 셈이다.

노자는 말하기를, 상선약수上善若水라 했다. 으뜸 되는 선은 물과 같다는 뜻이다. 물이 으뜸인 이유를 노자는 자연 미학에 두고 있다. 물은 반드시 위에서 아래로 흐르고, 흘러가면서 온갖 더러운 것을 씻어주고 만물을 길러주며, 바윗돌이나 흙탕물을 만나도 다투지 아니하며, 끝내는 가장 낮은 곳에 위치한다. 위에서 아래로 흐르니 순리요, 씻어주니 맑힘이요, 길러주니 생육이요, 다투지 않고 받아주니 아량이며, 가장 낮은 곳으로 흘러가니 겸양이다.

길 역시 물이 가지고 있는 이러한 미덕을 두루 갖추고 있는 것이다. 위에서 아래로 나 있고, 마음의 두려움을 없애주며, 온갖 나무와 풀과 꽃이 자라고, 산모퉁이를 만나면 휘돌아 나가다가 마침내는 가장 낮은 곳의 넓은 대지와 만난다.

그 길은 비록 도랑 길이었지만 나에게 자연과 생명과 겸양을 가르쳐 준 삶의 스승이었다. 삶이란 길이 그렇게 가다가 넓은 대지에 안기듯이, 물이 그렇게 흐르다가 끝내는 바다에 이르듯이 제 갈 길로 가다가 결국 절대 평안의 세계로 나아가는 것임을 깨닫게 해 주었다.

고향 도랑 길에 짙은 추억이 녹아 있다. 마을에서 길을 따라 조금 내려오다 보면, 큰 아까시 나무 아래 조그만 툼벙(도랑물이 깊게 고여 있는 곳)이 있었다. 이 툼벙 위로는 바로 산이 이어져 있었고, 그 산 중턱에는 신령스럽게 생긴 도깨비 바위가 있었다. 밤이 되면 그 바위가 도깨비로 변하여 눈에 불을 켜고 툼벙으로 목욕을 하러 온다는 전설이 마을에 전해 내려오고 있었다.

어린 시절 나는 그 이야기를 사실인 양 믿고 가급적이면 밤에 그 툼벙 길을 오가는 것을 꺼렸었다. 중학교를 다니던 어느 여름이었다. 학교에서 놀다 보니 친구 몇 명과 함께 늦고야 말았다. 워낙 십 리가 넘는 길이라서 조금만 늦어도 어두워지기 일쑤였다. 그날따라 날씨가 참 후덥지근하고 음산하기까지 했다. 친구들과 서둘러 오다가 그 툼벙 길에 다다를 즈음이었다. 갑자기 친구 한명이 자지러지게 놀라면서 벌벌 떨었다. 저기 도깨비불이 나타났다고 하면서……. 순간 나도 몸이 사시나무처럼 떨리면서 얼굴이 사색이 되었다.

정신을 차려 툼벙을 바라보니 정말 불빛이 반짝반짝거렸다. 틀림없이 뭔가 있는 듯했다. 명색이 사내아이들이라고 몸은 떨면서도 소리를 질렀다. "야, 도깨비다. 도깨비 나타났다!"라고 하면서. 그런데 그 도깨비불은 사라지기는커녕 도리어 우리를 비추고 있었다. 우리는 그만 혼비백산하여 줄행랑을 쳤다. 그런데 이게 웬 일인가. 조금 있으려니 사람 목소리가 들려왔다. "이놈들, 학교에서 늦었구나. 놀라지 말거라." 아뿔싸, 동네 어른이었다. 하도 더워서 인적 없는 그곳에 와서 멱을 감고 있는 중이었다. 달도 없는 어두운 밤이라서 손전등을 가지고 있었던 것이다. 허참, 손전등을 도깨비불로 착각한 것이다. 지금 생각하면 웃음이 절로 나온다.

마을 앞 도랑 길은 우리 코흘리개들의 놀이터였다. 도랑 옆으로 제법 넓은 공터가 있었는데, 밥만 먹으면 우리는 이곳으로 나와 공차기, 자치기, 비석치기, 제기차기, 딱지치기 등을 하며 놀았다. 문제는 공차기와 자치기를 할 때 생겼다. 공을 잘못 차 이것이 도랑에 빠지기도 하고, 자치기를 하다가 잘못 쳐서 짧은 막대기가 저 도랑 건너로 훌쩍 날아가기 일쑤였다. 그러면 도랑으로 들어가 공을 건진다든지 도랑을 건너가 막대기를 다시 주워와야 했다. 여름에 물이 불어서 도랑이 급히 흐를 때는 정말 난감했다. 왜냐하면 공이 금방 떠내려가고 도랑물을 건널 수도 없었기 때문이다.

또 마을 앞길 도랑에는 빨래터가 여러 개 있었다. 동네 아주머니들이 아침을 먹고 나면, 큰 플라스틱 대야에 빨래를 가득 담고 나와 비비고 헹구며 방망이질을 해댔다. 그러면서 뭐라고 떠드는지 깔깔거리며 막 웃다가 금방 조용해지면서 서로 귓속말로 소곤거리곤 했다. 아마도 집안에서 있었던 일을 서로 털어놓으면서 수다를 떨기도 하고 못다 한 정담을 나누기도 했던 모양이다.

마을 앞을 휘돌아 나가는 도랑 길은 생명의 보고였다. 도랑 양옆으로 나무와 수풀이 자라서 수많은 생명을 잉태했다. 봄에는 버들강아지가 피어오르고, 여름에는 머위와 쇠뜽풀이 무성하고, 가을에는 감과 밤송이가 무르익어 물 위로 떨어지기도 했다. 도랑물에는 더 많은 생명들이 살고 있었다. 가장 많은 것이 버들치와 가재, 다슬기 등이었다. 버들치는 무거운 망치로 돌만 두들겨도 놀라서 죽어 나왔다. 가재는 돌 밑에 숨어 있는 경우가 많은데 이를 잡으려면 돌을 아주 조심스럽게 들어올려야 했다. 다슬기는 너무 많아서 돌만 가만히 떠들어도 그 속에 다닥다닥 붙어 있었다. 나는 어린 시절 도랑에 들어가면 이놈들을 잡으며 시간 가는 줄을 몰랐었다.

그런데 가정 폐수가 도랑으로 흘러들면서 이놈들이 그만 종적을 감추고 말았다. 비누로 빨래를 해도 살던 그놈들이 이제는 아주 사라져버렸다. 도랑 길을 포장도로로 바꾸고 도랑마저 단단한 시멘트벽으로 옹벽을 쳤으니 생명이 살 리 만무하다. 일급수의 생명과 그 무성하던 수풀은 도랑 길이 사라지면서 먼 옛날이야기가 되어버렸다.

(2008. ≪충주문학≫ 26집)

봄이 오는 길목에서

내가 사는 아파트에서 조금만 나오면 시청 공원이 있고, 이곳을 벗어나 들판 쪽으로 잠깐 걸어가다 보면 쭉 펼쳐진 논 아래에 작은 연못이 하나 있다. 하루의 일을 끝내고 마음이 울적할 때나 공원을 거닐다가 문득 생각이 나면 찾아가는 곳이 바로 이 연못이다.

강추위가 물러간 듯한 겨울 끝자락에 홀로 걸어볼 요량으로 발걸음을 연못으로 향했다. 논둑길을 따라 쭉 걸으니 바람이 상쾌하다. 오랜만에 추위가 풀린 듯 둑길 사이로 흐르는 물소리가 제법 청아하다. 길이 녹아 조금은 질퍽거리긴 해도 운동화가 푹 들어갈 만큼 온전히 풀린 것 같지는 않다. 아직 동장군이 땅속에 코를 처박고 일어나지 않은 탓일 게다.

논에는 가을에 베어낸 벼 밑동이 그대로 줄지어 박혀 있고, 얼음이 녹았는지 사이사이로 물기가 촉촉하게 배어 있다. 아마도 오늘 유난히 따사했던 초봄 햇살 덕분인가 보다. 언덕에 그리도 무성했던 갈대는 물기 빠진 모양 그대로 바람에 서걱거리고 있다. 아직 땅속 어디를 보아도 새 생명은 움터오고 있지 않는 것 같다.

봄은 분명 쉽게 오지 않는다. 지구가 자리 이동을 거듭해 태양 가까이 밀착했을 때 강남 갔던 제비처럼 문득 찾아 올 것이다. 강철 같은 동장군이 긴 잠에서 깨어나 기지개를 켜고 저만큼 달아나면서 꽃과 나무에게 자리를 비켜주었을 때 드디어 봄은 우리 곁에 올 것이다. 그래서 봄은 생명이요 청춘이요 새로운 소식이다. 봄을 맞는다는 것은 천년만의 재회만큼이나 설레고 마음 떨리는 일이다.

연못가에 이르렀다. 그렇게 화려했던 여름의 연꽃은 온데간데 없고, 연잎은 말라비틀어져 물속에 처박힌 채로 일어날 줄 모른다. 아무리 화무십일홍이라 하지만 한때 연못을 그토록 치장했던 꽃들이 이렇게 삭막한 풍경으로 변해 있음에야 그 누군들 경악하지 않으리. 모든 것은 변한다는 무상의 진리를 잘 알면서도 직접 눈으로 보면서 체득하는 무상은 뼛속까지 저리고 아프다. 만물의 이치가 그 속에 있고 또한 내가 그 속에 있다는 것을 잘 알기 때문이다.

그것도 잠시, 내가 가까이 다가가니 청둥오리인지 무슨 물새인지 이름모를 새들이 푸드덕 날아서 저쪽으로 자리를 옮긴다. 아마도 말라 꼬부라져 물 위에 떠 있는 연잎 위에 잠시 앉아 쉬고 있다가 인기척에 놀라 달아난 모양이다. 이놈들을 보니 그쪽으로 가서 열심히 자맥질을 하고 있었다. 물고기를 잡아먹는지 아니면 연에 달려 있는 연밥을 쫒아 먹는지 꾸꾸거리며 참으로 열심이었다. 그 노니는 모양이 어찌나 정겹던지 나도 모르게 환희심이 솟아나 한참이나 멍하니 바라보았다.

한겨울에 보았던 얼음은 싹 녹아버려 물빛에 생기가 있어 보이고, 어딘지 모르게 연못 전체에서 생명의 기운이 살아나는 듯하다. 봄이 오고 있음을 은근히 알리고 있는 걸까. 물 위에 플랑크톤 같은 것이 떠 있는 것 같기도 하고, 어느 곳에서는 거품 같은 것이 볼록볼록 일어나기도 하는 걸 보면 이건 분명히 물속에서 생명이 숨쉬고 있다는 징조이다. 정녕 새로운 변화를 알리는 길조임에 틀림없다.

순간 지난여름에 보았던 연꽃의 장관이 떠올랐다. 연잎은 정말 대단하다. 마치 열대림의 야자나무처럼 푸르른 기운에 넓게 펼쳐진 잎사귀는 한여름 더위를 다 덮어줄 것만 같다. 대부분이 수련睡蓮으로 뿌리에서 쑥 올라와 한동안 부챗살처럼 쭉 펼쳐져 있다가 나중에는 물 위에 떠 버린다. 더 장관은 그 사이로 솟아오르는 연꽃이다. 연분홍 연꽃은 나를 흔들어 놓는다. 아니, 황홀하다

못해 나 자신을 아예 연못 속에 던져 버리고 만다. 특히, 아침에 가보면 싱그러운 연꽃이 여기저기에 피어 있다. 온통 푸르른 연잎 바다에 쑥 올라온 연꽃은 마치 금방 청포로 머리 감은 채로 서 있는 곱디고운 새색시 같기도 하고, 어느 오래된 절 벽화에서 보았던 백의白衣의 관음보살과도 같다.

실제로 불가에서는 연꽃을 보살에 비유한다. 보살이란 위로는 진리를 구하고 아래로는 중생을 구제하는 불가의 이상적인 인간상을 말한다. 인도 말 '보디사트바(Bodhisattva)'를 중국인들이 소리 나는 대로 '보리살타'라고 번역했고, 우리는 이것을 줄여서 '보살'이라고 부른다. 뿌리는 더러운 진흙탕에 두고 있으면서 맑고 고운 연꽃을 피운다. 이것은 마치 보살이 세상 사람들과 같이 살면서도 늘 진리를 향하고 깨달음을 위해 노력하는 것과 다르지 않다. 세상을 연꽃처럼 산다는 것은 고귀한 삶이다. 그야말로 보살의 삶이다. 세상과 부딪치면서 그 속에서 살아가는 이치를 배우고 또한 스스로의 진면목을 잃지 않으면서 진리를 향한다는 것은 참으로 보배로운 삶이다.

바야흐로 봄의 길목이다. 연못이 온몸으로 나에게 그렇게 말하고 있다. 조금 있으면 저 시들어진 연잎과 연대들은 물속으로 사라져 버리고, 그것을 딛고 새로운 연들이 솟아날 것이다. 진흙 속에 뿌리가 아직 성성이 박혀 있는 한 연꽃의 생명은 살아있기 때문이다. 연은 지금 한창 못의 바닥을 끌어안고 있을 것이다.

뿌리 곁으로 지나가는 물고기의 입김도 들이마시고, 한참 잉태의 고난을 겪고 있을 올챙이 알이며 붕어 알이며 자신이 떨어뜨린 연 씨앗을 큰 사랑으로 보듬고 있을 것이다. 그러다가 태양의 온기가 연못 위를 아낌없이 비출 때 모아두었던 강렬한 힘을 분출하여 연대를 들어 올릴 것이다. 거대한 세상 밖으로 자신의 존재를 드러내기 위해서!

세상의 근원은 무엇일까? 아무래도 내 생각에는 태양인 것 같다. 어떤 고대 학자는 물이라고 보았는데 나는 암만 생각해도 태양이 맞는 것 같다. 세상의 모든 것은 하나로 돌아가는데 그 하나가 바로 태양이라고 생각한다. 만일 태양이 없다면 빛도 없고 빛이 없다면 온기도 있을 수 없고, 그걸 먹고 사는 생명도 있을 수 없다. 한마디로 생명의 근원은 태양이라고 본다. 태양은 모든 에너지의 뿌리이기 때문이다. 에너지는 생명을 잉태하고 생성 변화하게 하는 자연의 원초적인 힘이 아니던가.

봄은 태양이 빚어내는 생명의 축제이다. 태양이 우리 곁에 더 가까이 다가올수록 알 수 없는 대지의 신은 움츠렸던 생령들을 일깨워 축제의 장으로 내보낸다. 제일 먼저 축제의 장으로 나오는 것은 이름 모를 풀일 것이다. 얼었던 흙이 녹으면서 참으로 신기하게도 그 속에 잠자고 있던 씨가 발아하여 싹을 틔운다. 경탄을 넘어 자연의 신비에 그저 고개가 숙여질 뿐이다.

그리고는 산과 들에 꽃이 피어난다. 꽃은 봄의 전령사다. 꽃이 피었다는 것은 다른 말로 온전히 봄이 왔다는 뜻이다. 가끔 겨울 동백처럼 눈서리 맞으면서도 꽃을 피우는 것을 보는데 그것 역시 봄의 기운이 완연하기 때문이다. 꽃은 따뜻한 봄기운이 빚어내는 생명의 걸작이요 극치이다. 목련이 그렇고, 개나리 진달래가 다 그렇다. 조금 있으면 하얀 목련이 피어나고 아파트 담장 아래로 개나리가 물결치고 온 산에 진달래가 붉은빛을 토할 것이다.

이 작은 연못에도 한바탕 봄 축제가 열리리라. 올챙이가 알에서 깨어 나와 가르치지도 않은 유영遊泳을 즐길 것이며, 연은 푸른 기운을 쑥쑥 뽑아내며 연잎을 키울 것이다. 어디 그뿐인가. 어디서 날아왔는지 물새들이 열심히 자맥질을 하며 연못을 휘저으며 차가운 물살을 부드럽게 녹여 놓을 것이다. 마치 죽은 것처럼 보였던 연못이 온전히 다시 살아나는 것이다. 그래서 봄은 생명의 부활이요 새로운 시작이다.

봄이 오는 길목에서 나는 인생의 새로운 전환을 꿈꾼다. 모든 것을 새로이 보고 새로이 듣고 새로이 느끼려고 한다. 새로운 나의 역사를 쓰기 위해서다.

(2008. ≪충주문학≫ 26집)

봉하마을에서의 20분

한 나라의 대통령을 지내다 낙향하여 사는 것이 그리 쉬운 일은 아닐 것이다. 노무현 전대통령이 바로 그런 분이다.

부산 출장을 갔다가 선뜻 봉하마을이 생각났다. 연일 신문에서 전직 대통령의 낙향 후의 생활을 대문짝만하게 기사로 쓰는가 하면, 어느 방송사에서는 아예 그분의 일상을 다큐멘터리로 엮어 내보내는 것을 인상 깊게 본 터였다. 나는 출장을 마치고 돌아가는 길에 일행에게 넌지시 의견을 내밀었다. 그랬더니 어느 누군가가 먼저 제안해주기를 기다렸다는 듯이 쾌히 동의해 주었다.

봉하마을은 경남 김해에서 빠져나와 진영으로 들어가, 거기서 또 시골 지방도를 타고 큰 천을 끼고 한참을 가는 길이었다. 곳곳에 공장이 들어서 있고 논과 밭도 꽤나 눈에 띄었다. 길이 갈라지는 곳엔 어김없이 '노무현 대통령 생가'라고 적혀 있는 교통 표지판이 등장했다.

앞으로 넓은 평야가 펼쳐져 있는 가운데 낮은 언덕 밑으로 냇물이 흐르고 뒤에는 산이 둘러쳐 있다. 아, 여기가 바로 그 봉하 마을!……. 일국의 대통령을 배출했으니 야릇한 땅의 기운이라고 할까 산의 형세라고 할까, 잘은 모르지만 풍수지리학적으로 뭔가 오묘한 조화가 흐르는 듯하다. 앞에는 물이 흐르고 뒤에는 산이 둘러쳐 있으니 배산임수요, 마을 양쪽으로 큰 산봉우리가 떡 버티고 서 있으니 좌청룡 우백호이다. 이쯤 되면 누구나 선호하는 천하 명당임에 틀림없다.

대통령의 생가는 야산이 흘러내리다 멈춘 듯한 언덕배기쯤의, 앞이 탁 트인 양지바른 곳에 있었다. 양철 지붕에 보잘것없는 세간살이가 여기저기 눈에 띄었다. 그 옛날 가난한 시절에 집 한 채 짓고 부엌 들이고 방 들여서 간신히 비집고 살 비비고 살 만한 그런 누추한 집이었다. 얼마나 많은 방문객이 다녀갔는지 방명록에는 전국의 주소들이 자랑이나 하듯 큼직큼직하게 적혀 있었다.

대통령은 하루에 두어 번씩 방문객을 직접 만나고 있었다. 하필이면 우리가 방문한 날은 5월 8일 어버이 날이라서 만남의 시간이 좀 지연되었다. 도착하자마자 알아보니, 대통령이 어버이날이라고 하여 동네 어르신들을 마을 회관에 모시고 점심을 대접하고 있다고 했다. 어쩐지 사람들이 많이는 몰려왔는데 돌아가지는 않고 마을 회관 앞에서 진을 치고 있는 것이 뭔가 일이 있는 듯 했다.

내 평생 대통령의 얼굴을 어찌 직접 볼 수 있겠는가. 언론 방송이 있어 신문이나 텔레비전에서는 자주 보았지만, 이렇게 직접 본다는 것은 천재일우의 기회일 것이다. 평범한 국민의 한 사람으로서 대통령을 직접 만난다는 것은 가슴 벅찬 일이다. 그나마 현직 대통령이 아니라 퇴임한 대통령이라서 이렇게라도 볼 수 있는 것일 게다.

한참을 기다려도 대통령은 나오지 않았다. 하도 무료해서 길 건너편에 있는 전시관에 들렀다. 노대통령과 관련된 업적, 활동 사진, 동영상, 책, 글 등이 가지런하고도 눈에 잘 띄게 전시되어 있었다. 며칠 전에 방영되었던 모 방송사의 다큐멘터리도 녹화하여 방영하고 있었다. 유기농법으로 농사를 짓고 동네 사람들과 막걸리를 마시고 자전거를 타고 여기저기 돌아다니며 유유자적하는 모습을 다시 보여주고 있었다.

대한민국의 한 사람으로 살면서 여러 대통령을 보았다. 근 반 세기 동안에 폭풍우처럼 휘몰아쳐 흘러간 역동의 대한민국! 그 중심에는 언제나 권력의 핵인 대통령이 있었다. 어떤 대통령은 국민적인 항거에 스스로 권좌를 내주어야 했고, 어떤 대통령은 자신의 심복 참모에게 총을 맞아 비명에 가야 했고, 또 어떤 대통령은 물러난 후 원죄에 묶여 저 강원도 설악산 깊은 산사에서 하심下心의 도를 배워야 했다.

강제로 물러나거나 비명에 죽거나 유배를 떠나거나 감옥에 가거나 하는 그런 수모를 겪지 않고 무난히 대통령 임기를 마친 분도 있기는 하다. 하지만 이런 분의 공통점은 대한민국 정치사의 한 페이지를 장식할 만한 보스 정치인 출신이라는 점이다. 한마디로 한 번쯤은 해 먹을 만한 사람이 대통령을 했다는 것이다.

그런 와중에 노무현 대통령의 전격적인 등장은 어찌 보면 역사의 대전환이라고 보아야 한다. 적어도 나는 그렇게 보았다. 고등학교 출신에다 보잘것없는 권력 기반, 민권 변호사 출신, 영남권 출신임에도 지지 기반은 호남이었다는 점 등은 대권에 도전한다는 것 자체가 무모한 것처럼 보일지 모르는 일이었다. 그런 그가 엄정한 경선의 소용돌이를 뚫고 소속당의 대권 주자가 되었으며, 급기야는 기라성 같은 다른 경쟁자를 물리치고 이 나라의 대통령에 당선된 것이다. 한마디로 좀처럼 일어날 수 없는 일이 일어난 것이다.

대통령은 참여정부를 이끌면서 많은 것을 변혁시켰다. 부동산 투기 종식을 위한 종합부동산세를 이끌어냈고 지방 균형발전을 외쳤으며, 대한민국의 수도를 아예 신행정도시에 새로이 건설하려고 했다. 권위주의를 청산하기 위해 스스로 권위를 내세우지 않으려고 무던히 노력했다. 그런 와중에 국회의 탄핵을 받아 대권이 정지되는 아픔을 겪기도 했다.

사람들의 성향에 따라 노무현 정부를 진보 정권이었느니 심지어는 친북 좌파 정권이었느니 하는데 나는 그런 이념적 비판에는 관심이 없다. 그의 정치적 행보가 어떠하였든 간에 지금 여기 낙향해 있는 대통령에 관심이 가는 것이다.

전시관에서 나오는 순간, 사람들이 우르르 몰려들었다. 대통령이 마을 회관에서 나온 것이 분명했다. 순간 '후유' 했다. 하마터면 그렇게 기다렸던 대통령을 못 볼 뻔하지 않았는가 말이다. 대통령은 사람들에게 둘러싸여 잘 보이지를 않았다. 나는 체면이고 뭐고 다 팽개치고 사람들 속으로 파고들어가 고개를 쑥 내밀었다. 바로 내 앞에 대통령이 서 있었다. 와, 이런 일이!……. 신장이 내 키만 하여 큰 사람들 속에 파묻혀 보이지 않았던 것이다.

대통령의 얼굴이 벌겋게 달아올라 있었다. 아마도 어르신들에게 곡주를 따라 드리고 자신도 꽤나 받아 마셨나 보다. 대통령은 기분이 좋은지 그 특유의 경상도 사투리를 구사하며 반갑게 인사말을 했다. 그러면서 모두와 악수를 할 수는 없고 오늘이 어버이날이니 70세 이상의 어른들하고만 악수를 하고 같이 사진을 찍겠다고 했다. 어버이날 부모님을 모시고 온 자녀들은 이게 웬 일이냐고 하면서 좋아서 어쩔 줄을 몰라 했다.

한참 후 대통령과의 대화 시간이 있었다. 허름한 옷차림에 밀짚모자를 눌러쓰고 나와서는 이것저것 질문에 소상이 답을 해주었다. 나도 질문을 하나 했는데 대통령은 친절히 답변해 주었다.

이것 참, 내가 청와대 출입기자나 된 듯한 기분이 들었다. 대화는 약 20분 정도 이어졌다.

중국 당나라 시대의 유명한 시인이자 정치가인 백낙천이 어느 고을의 태수로 부임을 하자마자 조과 선사라는 분을 만나러 갔는데, 마침 선사는 높은 나무에 앉아서 참선을 하고 있었다. 백낙천이 거기는 떨어질 위험이 있으니 내려오라고 하자, 조과 선사의 대답이 참 걸작이었다.

"나는 떨어져도 땅인데 태수는 벼슬에서 떨어지면 어디로 가려고 하오? 위험한 건 정작 태수올시다."

이 말에 백낙천은 할 말을 잃었다고 한다. 그는 당시 잘나가던 정치인이었기 때문이다.

대통령이라는 최고 권력을 내려놓자마자 낙향하여 유유자적하며 사는 전직 대통령을 보면서 나는 조과 선사의 이 한마디를 떠올려 보았다. 대통령은 이제 더 이상 위험해 보이지 않았다.

(2008. 5.)

임해에 살면서

삶이란 부딪쳐 흐르는 강이 아닐까 싶다. 어디로 가는지 처음부터 딱히 방향이 잡혀 있지는 않지만 그냥 굽이쳐 흘러간다. 가다가 바위가 있는 줄도 모르고 산이 버티고 있는 줄도 모른다. 바위나 산을 만나면 그제야 방향을 틀어 돌아 흐른다. 강은 흘러가면서 앞을 예측하는 법이 없다. 그냥 흘러가는 것이다. 어디론가 마냥 흘러간다. 흘러 흘러서 결국은 바다로 간다.

나의 교직 생활이 마치 강물과 같다. 도저히 발령 날 것 같지 않았던 대기 시절에 어느 날 문득 교사 발령을 받은 일, 한 학교에서 5년간은 있으리라 다짐했는데 어느 날 갑자기 정원감축에 걸려 생활근거지와 동떨어진 면 학교로 세 번이나 옮겨야 했던 일, 마지막 학교에서 교육전문직 시험에 도전해 스스로 놀랄 정도로 운이 좋아 합격한 일 등등. 가만히 보면 어느 하나도 앞을 예측하여 이루어진 일이 없다. 강이 그냥 굽이쳐 흘러온 것처럼 내 인생도 그렇게 흘러온 것 같다.

삶이란 부딪침의 연속이다. 부딪치지 않고 흐르는 강이 없는 것처럼 나의 삶도 수많은 부딪침으로 점철되어 있다. 부딪침, 이것은 흘러가지 않으면 발생할 수 없는 에너지의 근원이다. 어디로 튈지는 몰라도 그냥 살아 꿈틀거림이다. 부딪침이 없는 삶은 마치 바다에 파도가 없는 것과 같다. 바다에 파도가 없다면 이미 그것은 죽은 바다이다. 파도는 바다의 생명력이기 때문이다. 지칠 줄 모르는 부딪침으로 생명을 강하게 하고 바위를 부드럽게 하며, 아름다운 백색의 모래사장을 만들어낸다.

내가 여기 임해에 발령 받은 것은 부딪침의 절정이다. 임해란 바다와 연접해 있는 곳이란 뜻이다. 정확하게 지명을 말하자면 충남 보령시 대천해수욕장 주변이다. 학생들의 해양체험 활동을 위해 도교육청에서 이곳에 임해수련원을 지었다. 나는 수련 행정과 학생 지도를 담당하는 교육전문직으로 이 수련원에 발령 받은 것이다. 발령 받는 순간, 그냥 쉼 없이 굽이쳐 흘러오던 강이 결국 바다에 이르렀다는 기분이 들었다. 강은 바다와 부딪쳐 그 본성을 버리고 거대한 짠물로 다시 태어난다. 그렇듯이 나도 이곳에서 수많은 학생들과 부딪치면서 새로운 자신으로 다시 태어나야겠다고 다짐했다.

바다가 없는 내륙에서만 살아오다가, 불혹의 중반을 넘어 임해에서 살다보니 이건 너무도 색다른 환경이다. 내가 사는 아파트 관사는 대천어항 쪽에 있는데, 아침이면 조어를 준비하는 크고 작은 배들이 울려대는 뱃고동 소리에 잠이 깬다. 퍼뜩 일어나 베란다 쪽으로 가보면, 벌써 몇 척의 배들이 물살을 가르며 힘차게 포구를 빠져나간다. 그 나아가는 모습이 아침 햇살만큼이나 싱그럽고 희망차 보인다. 어선이 사라질 때까지 한참을 멍하니 바라보다가 나도 출근 준비를 한다.

내가 출근하는 길은 해안 길이다. 낭떠러지 밑으로 바다가 펼쳐져 있다. 어떨 때는 이 길을 즐길 요량으로 걸어서 출근하는 경우가 있다. 그야말로 환상적인 길이 된다. 쫙 펼쳐진 푸른 바다에 넘실대는 파도, 그 소리를 품에 안고 해안 절벽의 해송 숲으로 불어오는 바람에 묻어나는 솔잎 향기, 게다가 옆으로 선홍빛 붉은 입술을 하고 자태를 한껏 뽐내는 진달래의 유혹……. 그 사이로 나는 걸어가는 것이다.

바다는 살아 꿈틀거리는 거대한 생명체인 것 같다. 끊임없이 들어오고 나가기를 반복하며 거친 숨을 토해낸다. 어느 때는 사리가 되고 어느 때는 조금이 된다. 학창시절에 얼핏 배운 거지만 이것도 여기 임해에서 확실히 알게 된 것이다. 사리 때가 되면 물이 많이 빠져나갔다가 들어오고, 조금 때가 되면 물의 변화가 별로 없다. 모두 우주의 오묘한 이치가 빚어내는 조수간만의 차이 때문이란다.

어떤 때에 보면 물이 쑥 들어와 있다. 백사장이 얼마 보이지 않을 만큼 물이 꽉 차 있는 것이다. 평소에 용의 이빨처럼 삐쭉삐쭉 내보이던 바위섬은 온 데 간 데 없고, 그렇게 많던 갈매기도 별로 날지 않는다. 아마도 모래 갯벌이 드러나지 않아 먹이를 구할 수 없기에 멀리 날아간 모양이다.

또 어떤 때 보면, 물이 쑥 빠져 나가 있다. 언제 물이 들어와 있었냐는 듯 썰렁한 모래사장을 남긴 채, 저만큼 멀리 떨어져서 마치 힘 부친 노인의 기침처럼 허연 거품만 토해내고 있다. 이 때 가장 장관은 갈매기의 함성이다. 어디서 왔는지 무수한 갈매기가 하늘의 구름만큼이나 떼 지어 날아와서 비행을 한다. 한 마리가 앉으면 모두가 모래 갯벌에 앉아 파도를 타며 자맥질을 한다. 아마도 미처 쓸려 내려가지 못한 조개로 식사를 즐기거나 오랜만의 사랑을 나누는 듯하다.

넘실대는 바다에 여기저기 부표가 떠 있다. 이것은 임해수련에 활용하기 위해 인위적으로 설치한 표식이다. 학생들을 태운 바나나 보트가 곡예 짓을 하며 바다를 휘달릴 때나, 스스로 노 저어 가는 카약이 길을 잃었을 때 이 표식은 좋은 이정표가 된다. 밀썰물에 떠내려가지 않도록 아주 무거운 닻을 달아 고정시켜 놓았다. 모두가 학생들의 안전을 담보하고 꿈과 추억이 있는 해양 수련을 꽃피우기 위한 것이다.

바야흐로 임해 수련 시즌이다. 태양이 뜨거워지면서 이미 확정된 수련 프로그램에 따라 학생들이 속속 도착하고 있다. 임해가 후끈 달아오르고 있다. 속살처럼 드러난 백사장엔 말괄량이 초등학생들이 들어차 공동체 게임을 즐기며 모래성을 쌓기도 하고, 때로는 맨발로 파도를 향해 뛰어가며 거친 함성을 쏟아낸다. 덩치가 좀 큰 중·고등학생들은 래프팅을 즐기기 위해 보트를 머리에 이고 파도와 싸우며 바다로 나아간다. 저마다 노를 저어가며 어기어차 고함을 지르고 바다에 풍덩 빠지기도 한다. 그 주위로 쏜살같이 모터보트가 지나가고 하늘엔 갈매기가 훠훠 날아오르며 손짓한다. 금방 바다가 놀이터가 되고 갈매기는 둘도 없는 친구가 된다.

온 몸에 희열이 차오른다. 올 여름이 싱그럽다. 뜨거운 태양 아래 임해 축전이 펼쳐지는 듯하다. 바다가 학생들에게 주는 꿈과 추억은 그 어느 것보다도 값지다. 바다가 주는 호기심은 물론, 거친 파도가 던져주는 무언의 메시지도 놓칠 수 없는 훌륭한 보물이다.

파도는 부딪침이 낳는 인고의 산물이다. 그리고 반드시 넘어야만 앞으로 나아갈 수 있는 고난의 시험대다. 마치 인생 앞에 굽이굽이 놓여 있는 산과도 같은 것이다. 산을 하나 넘으면 또 산이 있다. 오르고 내리기를 수십 번 해야 정상에 오를 수 있는 것처럼, 바다도 파도를 잘 타고 내려야 목적지에 다다를 수 있다. 누구나 이 바다에 오는 사람이라면 부딪쳐 솟아오르는 파도를 기꺼이 맞이할 일이다.

하루 일과를 마치고 퇴근하는 길에 마주치는 낙조는 더할 나위 없이 아름답다. 삶을 살면서 이렇게 황홀하고 멋진 정경을 자주 볼 수 있다는 것이 여간 행운이 아니다. 비록 가족과 떨어져서 임해에 살지만, 이 하나만으로도 충분히 위안이 된다. 아무리 사랑하는 사람과 살아도 고독은 있게 마련이다. 이는 그 누구도 해결해 줄 수 없는 절대 고독이다. 혼자 온통 짊어져야 하는 생과의 부딪침이다.

낙조는 하늘을 떠돌던 태양이 이제 온 곳이 그리워 핏빛 눈물을 흘리며 바다에 안기려는 순간 빚어지는 노을 잔치다. 바다가 그 넓은 오지랖으로 빨갛게 달아오른 황금빛 덩어리를 받아 안으려 할 때, 그 부딪침의 소리가 귓가에 들려오고 이내 나의 고독은 어디론지 사라져 버린다.

(2008. ≪문예충북≫)

항구가 보이는 창가에서

창가에서 바라보는 항구는 검은 물결로 출렁인다. 아침 조어를 나가려는 배들이 아직 잠에서 덜 깬 바다를 깨우려는 듯 백색 라이트를 쏘아대며 힘차게 물살을 가른다.

일찌감치 섬으로 가는 손님을 태운 여객선은 뱃고동을 울리며 부두를 빠져 나간다. 그 뒤로 갈매기들이 우르르 날아오른다. 밤새 날갯짓을 멈추고 위장에 먹이를 삭히던 갈매기들이 아침 햇살에 기지개를 켜고 힘차게 비상하는 것이 장관이다.

항구의 아침은 늘 이렇게 시작된다. 봄, 여름, 가을, 겨울 없이 매양 고깃배와 여객선이 나가고 그 뒤를 갈매기가 날아오른다. 마치 멀리 떠나가는 연인을 배웅이나 하듯 그 모습이 참으로 정겹다.

나는 아파트 8층 베란다의 넓은 창으로 항구를 바라본다. 아침에 일어나서 바라보고, 퇴근하고 저녁에 바라보고, 또 밤에도 바라본다. 휴일이면 직접 나가 걸으면서 항구의 체취를 느껴본다.

항구를 바라볼 때면 나도 모르게 깊은 생각에 잠기곤 한다. 뭐라 할까. 항구가 주는 의미 때문일까? 항구에서 펼쳐지는 진풍경 때문일까? 어쨌든 매양 바라보지만 항구는 많은 생각을 자아내게 하는 매력을 품고 있다.

항구는 말할 것도 없이 바다로 나가는 문이다. 탁 트인 문이다. 빗장이 걸린 싸리문도 아니고 초인종을 눌러야 주인이 열어주는 철제문도 아니다. 그저 방파제로 둘러치고 시멘트로 옹벽을 쳐서 어느 누가 들어와도 막지 않는 바다의 문이다. 고깃배든 여객선이든 유람선이든 그저 들어오면 반갑게 맞이하고 밧줄 하나 늘어뜨려 쉬게 하는 고향집 같은 곳이다.

쉼 없이 고깃배가 나가고 들어오기를 반복한다. 어느 때 보면 수척의 고깃배가 오랫동안 밧줄을 메어두고 하선 작업을 한다. 아마도 수산물 집하장에 온종일 잡아온 해산물을 내려놓는 모양이다. 집하장 한쪽 옆으로는 저마다 수족관이 장착되어 있는 트럭들이 줄지어 서 있다. 아마도 활어인 채로 고기를 사서 어디론가 급히 출발할 태세다. 거리에서 쌩쌩거리며 달리는, 어떤 때는 물을 질질 흘리며 질주하는 크고 작은 활어차들이 알고 보니 다 여기서 출발하는 것이다.

수산물 집하장 왼쪽으로는 재래시장이 형성되어 있다. 크고 작은 난전들이 즐비하다. 방금 잡혀온 광어, 도다리, 우럭, 해삼 같은, 이름만 들어도 침이 꿀꺽 넘어가는 해산물들이 멀뚱멀뚱한 채로 차례를 기다리고 있다. 어찌 이놈들은 살점이 맛있는 것으로 태어나 그냥 산 채로 도륙을 당하여 횟감으로 쳐져 상 위로 오르는 걸까. 도대체 이놈들은 어디서 온 놈들일까. 바닷속 어디서 노닐다가 여기까지 온 걸까.

몰려온 사람들이 눈독을 들인다. 이놈들은 항구에 올라온 이상 더 이상 생명이 아니다. 어디까지나 횟감에 불과하다. 가리키는 손가락에 따라 운명이 결정된다. 뜰채로 건져지는 순간 몸부림을 친다. 힘도 참 세다. 근육질의 몸도 아니고 팔 다리가 있는 것도 아닌데 어찌 그리도 큰 힘을 뿜어낼까. 바구니에 옮겨지다가 위기의 탈출을 하는 놈도 있다. 그것도 잠시, 역시 물고기는 물이 있어야 사나 보다. 시간이 흐르자 이제는 죽겠다는 심사다.

불현듯, 불가에서 회자되는 물고기 고사古事가 생각난다. 절에서 의식을 할 때 목탁을 사용하는데, 알다시피 목탁은 물고기 모양으로 생겼다. 왜 물고기 모양을 하고 있을까?

옛날에 한 수행자가 있었다. 이 수행자는 출가는 했으나 너무 게을러서 해야 할 공부를 하지 않았다. 출가한 수행자가 공부를 게을리하는 것은 큰 잘못이다. 삼악도三惡道에 떨어질 수도 있는 대죄에 속한다. 삼악도란 죽어서 가는 세 가지 나쁜 길을 말한다.

즉, 축생으로 태어나거나, 아귀餓鬼의 세계로 가거나, 아니면 불구덩이 같은 지옥에 떨어지는 것을 말한다. 스승이 아무리 깨우치고 타일러도 제멋대로 하던 이 수행자는 도중에 그만 병에 걸려서 죽고 말았다.

이 수행자는 죽어서 축생의 한 부류인 물고기로 태어났다. 냉엄한 과보를 받은 것이다. 수행자임에도 공부를 게을리한 죄가 하도 커서 그에 응당한 과보를 받은 것이다. 그 과보가 바로 물고기 몸이었다.

어느 날 스승이 배를 타고 바다를 항해하고 있었다. 배 위에서 한참 참선에 잠겨 있는데 어떤 물고기가 다가와서 애원을 하는 것이 보였다. 그 물고기는 등에 나무가 꽂혀서 고통에 신음하고 있었다. 말은 못하지만 뭔가 간절히 원하면서 용서를 비는 듯했다. 전생을 살펴보니, 얼마 전에 죽은 그 제자가 틀림없었다. 물고기 몸을 받은 데다 그것도 모자라 등에 나무가 꽂혀 있었다.

스승이 상황을 알아차리고 연유를 묻자, 제자는 고통이 너무 심하니 제발 등에 꽂힌 나무를 뽑아달라고 했다. 그리고 이를 가져다가 자기와 똑같은 모양의 불구佛具를 만들어 날마다 매우 쳐달라고 간청했다. 이에 스승은 그 뜻이 가상하여 나무를 뽑아다가 목어木魚를 만들어 날마다 치면서 게으름을 경책하는 도구로 삼았다. 그리고는 좋은 곳으로 다시 태어나도록 천도재를 지내주었다.

이 이야기는 불가에 널리 회자되는 목탁의 유래다. 목어가 세월이 흘러 목탁이 되었다는 것이다. 어쩌면 웃어넘길 수도 있는 이야기지만, 나에게는 늘 삶을 채찍질하는 스승으로 다가온다. 세상에 태어난 사명을 다하지 않고 사람 노릇을 잘못하면 저렇게 물고기 몸을 받아, 심지어는 등에 나무까지 꽂혀 이루 말할 수 없는 고통에 신음할 수 있다는 사실을!……. 어디 그뿐인가. 산 채로 칼에 도륙되어 살점 하나하나를 사람에게 육보시해야 하는 운명에 처해질 수 있다는 사실을 늘 염두에 두는 것이다.

주말이면 항구는 사람들로 붐빈다. 어디서 그렇게 사람들이 많이 몰려왔는지 그 넓은 주차장이 삽시간에 꽉 찬다. 수산물 집하장 오른쪽엔 최근 현대식으로 지은 수산물 시장 건물이 들어섰는데, 1층은 수산물 코너와 건어물 상가이고 2층은 회를 먹을 수 있는 식당이다. 사람들은 정말이지 떼로 몰려와 수산물 코너를 돈다. 이리저리 흥정을 하면서 즉석에서 포장을 하여 차에 싣는가 하면, 회를 맞추어 놓고 2층 식당으로 올라간다.

한마디로 사람들이 여기 항구에 오는 이유는 오로지 회를 먹기 위해서인 것 같다. 섬 구경을 할 수 있는 유람선도 있고 여객선도 있지만, 그것은 회를 일단 먹은 뒤에 회포를 풀기 위한 놀잇거리에 불과한 것 같다. 그러니 항구는 방금 잡아 올린 싱싱한 회거리가 풍부해야 한다. 수없이 찾아오는 사람들에게 생선회를 제공하기 위해 엄청난 비용을 들여 방파제를 쌓고 부두를 만들었으리라. 그리고 어부들은 찬바람 맞으며 쉼 없이 그물질을 해냈으리라.

몰려들었던 인파가 빠져나가면 항구는 외로운 적막감에 소스라쳐 놀란다. 차가운 바다 바람이 마치 귀곡성의 괴기한 울음소리처럼 아파트 베란다를 때리고, 그렇게 요동치던 유람선도 닻을 내리고 긴 잠에 빠져든다. 시나브로 어둠이 내리면서 등대가 껌벅이고 항구는 검은 바다가 된다. 모두가 사라지고 오로지 불빛과 바람만 남는다.

삶의 무상이란 아마 이를 두고 하는 말일 게다. 그 많은 무리가 왔다가 사라지는 것이 마치 파도에 쓸려왔다 왕창 떠내려가는 부유물 같다. 항구가 보이는 창가에서 살아온 삶을 다시금 생각해 본다.

(2009. ≪문예충북≫)

부엉이 바위의 비극

"당신, 노무현 대통령이 돌아가셨대요."

"뭐라고!"

조용한 토요일 휴식의 아침, 상상할 수도 없는 전대미문의 역사적 비보를 접했다. 아무리 믿으려고 해도 믿어지지 않는, 숨이 멎을 것 같은 답답함이 가슴을 옥죄는 순간이었다. 전직 대통령을 지낸 분이 바위에서 투신자살을 하다니!…….

봉하마을은 내가 작년에 부산 출장을 갔다가 다녀온 곳이 아닌가. 3시간을 기다려 대통령과 20여 분 동안 대면을 한 곳이 아니던가. 부엉이 바위가 선하게 떠오르면서 환하게 웃던 대통령의 얼굴이 오버랩 되었다. 그 감동이 진하여 문인으로서 졸작 하나를 휘날려 수필 문서함에 저장해 놓고 인터넷 카페에도 올려놓은 나였다. 그랬던 추억의 그분이 삶을 마감하였다니, 그것도 스스로 죽음을 선택하였다니……. 말문이 막히고 가슴이 미어지며 눈물이 앞을 가렸다.

국민장이 끝났는데도 내 가슴은 어딘가 뻥 뚫려 있는 것 같다. 장례 기간에 오백만 명 이상이 조문을 했다고 한다. 그중의 오십만 정도는 봉하마을로 직접 가서 뜨거운 태양 아래 긴 줄의 기다림도 마다않고 국화꽃 한 송이를 바쳤다고 한다. 나도 봉하마을로 가고 싶은 마음은 굴뚝같았으나 가지 못하는 처지가 아쉬웠다.

도대체 무엇이 그분을 죽게 만들었는가? 도대체 무엇이 부엉이 바위에서 몸을 날리지 않으면 안 되게 하였는가? 세계 역사에서도 찾아보기 힘든 전직 국가원수의 투신자살! 이것을 우리 살아남은 자들은 어떻게 받아들여야 하는가?

고교 졸업 학력에 사법시험 합격, 판사와 인권 변호사, 5공 청문회 스타, 변칙과 특권을 배격했던 국회의원, 지역주의 타파를 위한 몸부림, 경쟁자와의 냉철한 승부사, 제16대 대통령 당선 등 그가 걸어왔던 삶의 역정을 보면 한마디로 부딪침의 절정이었다. 물이 흐르다 보면 바위를 만나면 돌아서 흐르고, 산을 만나면 더 돌아서 흐르는 것이 순리일 수도 있는데, 그는 부딪치고 받아쳐서 깨부수려는 승부사의 기질을 갖고 있었다. 한국 근현대사의 도도한 흐름을 바꾸어놓고야 말겠다는 야심찬 개혁의 기치를 내

걸었다. 민주주의를 가로막는 권위주의, 동서를 가로막는 지역주의, 권력기관과 기득권 세력의 특권과 비리 등을 타파하려고 무던히도 애를 썼던 그였다.

봄기운이 완연한 어느 날 노무현 전 대통령이 검찰 수사 선상에 올랐다는 뉴스를 접했다. 직장 생활에 함몰되다보니 어떠한 과정을 거쳐서 그 지경까지 갔는지 사실 잘 몰랐었다. 관심 있게 지켜보니, 소위 '박연차 게이트'라고 불리는 정관계 로비사건에 연루되어 측근들이 줄줄이 소환되고 구속되었으며, 급기야는 아들, 딸, 아내까지도 검찰에 불려가는 참혹한 일을 겪은 후였던 것이다.

아, 그랬구나. 시골에 낙향하여 유유자적하며 농사를 짓고 간간이 '사람 사는 세상'이라는 자신의 홈페이지에 글을 올리며 사는, 죽은 권력의 대통령에게 결국 검찰의 무서운 칼날이 뻗쳤구나. 정권이 바뀌면 가만히 두지 않는 우리 정치문화의 속성상 당연하다 싶은 마음이 들면서도 왠지 이건 너무하다는 생각이 들기도 했다.

전직 국가원수를 지낸 분을 저렇게 싸잡아서 범죄자로 내몰아도 되는 것인가 하는 강한 의구심이 솟구친 것이 사실이다. 좀 잘못을 저질렀어도 전직 대통령을 저렇게 하면 안 되는 것이라고 스스로 일갈했다. 이것은 국제적인 망신이요 스스로의 얼굴에 침 뱉기라고 생각했다.

법을 어겼으면 전직 국가원수라도 처벌을 받아야 마땅하다. 그것은 지극히 당연한 일이다. 중요한 것은 예우를 갖추어야 한다는 것이다. 무슨 극악무도한 짓을 저지른 것도 아닌데 검찰은 피의 사실을 시시각각 언론에 흘리고, 재임 기간 대립각을 세웠던 몇몇 보수 언론은 이를 보도하는 데 열을 올렸다.

노무현 대통령은 정의와 도덕성을 전 재산으로 하여 대통령에 당선된 분이다. 그 생명과도 같은 정의와 도덕성이 바닥에 내동댕이쳐지는데 얼마나 가슴이 쓰리고 아팠으랴. 그는 끝까지 돈 받은 사실을 재임기간에는 몰랐다고 항변했다. 그런데 언론은 이를 들어주지 않았다. 오히려 마치 토끼몰이 하듯이 한쪽으로 방향을 정해 놓고 그를 올가미에 씌워 넣으려고 했다.

그는 어렸을 적 추억이 서려 있는 부엉이 바위에서 구차한 몸을 던져 모든 것을 안고 가버렸다. 도덕성이 무너진 것에 대한 스스로의 징벌이요 국민에게 용서를 구함이었다. 적어도 나는 그렇게 생각한다.

옛날 선비들은 스스로의 자존심에 치명적인 손상이 오거나 욕됨을 이겨내지 못하면 스스로 목숨을 끊었다. 열녀도 마찬가지다. 목숨과도 같은 정절을 지키기 위해 저고리 속에 늘 은장도를 품고 있다가 욕을 보게 되면 스스로를 찔러 자결을 선택했다.

노무현 대통령의 죽음도 이와 다르지 않다고 본다. 이는 단순한 자살이라고 볼 수가 없다. 죽음은 모든 것을 뛰어넘는다. 죽음 앞에서는 누구나 겸허하고 경건해야 한다. 죽음의 문을 스스로 열고자 할 때에는 누구나 해탈의 경지에 오른다고 한다. 그의 유서를 보면 죽음 앞에 비장함보다는 오히려 허허로운 자유가 배어 흐른다.

"누구도 원망하지 마라. 삶과 죽음이 다 자연의 한 조각 아니겠는가. 화장해라. 집 가까운 곳에 작은 비석 하나만 세워라. 오래된 생각이다. 운명이다."

아마도 그는 자신의 죽음을 예견했던 것 같다. 자신의 몸을 화장하라고 한 것에서 모든 것을 내려놓은 자유인의 경지가 느껴지고, 운명으로 받아들인 것에서 스스로 죽음을 선택했다는 결연함이 엿보인다.

조선시대의 고승 서산대사가 묘향산 원적암에서 85세를 일기로 생을 마감할 때 다음과 같은 시를 읊었다고 한다.

"천 가지 계획과 만 가지 생각이 불타는 화로 위의 한 점 눈[雪]이로다. 논갈이 소가 물 위로 걸어가니 대지와 허공이 갈라지는구나. 삶이란 한 조각 구름이 일어남이요, 죽음이란 한 조각 구름이 사라짐이다. 구름이란 본래 실체가 없는 것, 죽고 살고 오고 감이 모두 이와 같도다."

이는 대사의 임종게이다. 임종게란 수행자가 평생 화두 참선을 하며 깨친 것을 죽음에 임박해서 제자들에게 교훈으로 남기는 깨달음의 노래다.

노무현 전 대통령의 유서가 수행자가 평생 수도를 하며 깨친 진리를 드러내 보이는 거룩한 노래는 아닐지라도, 그에 버금하는 진기가 서려 있다. 한마디로 삶과 죽음에 대한 진정성이 배어 있다는 것이다. 바로 그것은 모든 집착과 원망과 미움을 내려놓았다는 사실이다. 이를테면 불가에서 말하는 방하착放下着의 경지다. 몸을 던짐으로써 그의 육신과 음성과 모습은 사라졌지만, 그가 우리에게 던진 무언의 메시지는 봉화산의 봉화로 남아 활활 타오를 것이다. 부디 대통령님의 극락왕생을 기원한다.

(2009. ≪충주문학≫ 27집)

36번 국도를 오가며

36번 국도는 충남 보령에서 시작하여 청양, 공주, 조치원, 청주, 증평, 음성, 충주, 단양, 영주, 봉화를 거쳐 경북 울진까지 이어지는 도로이다. 총 거리는 386.8km으로서 4km를 10리로 잡는다면 어림잡아 천 리 길에 이른다.

서쪽의 대천항에서 동쪽의 울진항까지 이어지는 36번 국도는 한반도의 허리를 휘휘 돌아 때로는 고속도로와 만나고 지방도와 만나면서 마치 강물처럼 바다로 흘러간다. 가다 보면 아기자기한 마을이 나타는가 하면 그림 같은 호수가 쭉 펼쳐지기도 하고, 갑자기 험준한 산이 앞을 가로막기도 한다.

서쪽으로 갈수록 평야 지대가 많고 동쪽으로 갈수록 산과 계곡이 많다. 이는 아마도 우리나라가 동쪽은 경사가 많이 지고 서쪽은 완만한 이른바 '경동 지형'이기 때문일 것이다. 예를 들어, 경북 봉화쯤 가면 어찌나 두메산골인지 겹겹이 산이고 평야는 좀처럼 보이지 않는다. 울진 가까이로 가면 산은 더 험준해 져서 고개가 마치 구절양장처럼 굽이쳐 돌아간다. 이쯤 해서 나오는 불영계곡은 너무도 운치 있고 시원하다.

나는 이 36번 국도 중 딱 중간쯤인 충주에서 대천항까지 이어지는 길을 거의 1년을 오가고 있다. 왜냐하면 대천해수욕장 주변에 내 근무지가 있기 때문이다. 주말이면 가족의 품으로 돌아갔다가 일요일이면 다시 오는 이 길은 마치 동화 속의 여행만큼이나 설레고 신비롭다.

금요일에 퇴근해서 대천항을 떠나 충주로 향하는 길은 저녁 어스름 길이다. 대천 앞바다로 해가 뉘엿뉘엿 지면서 황혼이 잦아들면 나도 모르게 즐거움의 탄성을 지른다. 떠나온 집을 향하여 가고 있어서 그런지는 몰라도 황혼이 빚어내는 환상적인 빛 잔치에 나는 푹 빠져 들어간다. 무어라 할까. 신비로운 명암의 대비, 색채의 조화, 때로는 띠를 이루며 무지개인 양 바다 위에 쫙 펼쳐지는 파노라마……. 무어라 표현해도 그 황혼 빛을 다 담아낼 수는 없다.

해변을 벗어나면 이제 아기자기한 36번 국도가 펼쳐지면서 들이 나왔다 산이 나왔다 때로는 과수원이 나왔다 하면서 내 시야를 즐겁게 한다. 여기에 나훈아의 트로트라도 틀어놓으면 내 귀는 더 즐거워진다. 흥에 겨워 나도 모르게 어깨를 들썩거리며 왼손은 운전대를 잡고 오른손은 운전대를 쳤다가 기어 손잡이를 쳤다가 다시 손을 바꾸고 이러면서 쭉쭉 미끄러져 나간다.

달릴수록 날은 더 어두워진다. 이리되면 이제부터는 졸음과의 전쟁이다. 왜 그리 졸린지 어떨 때는 내 자신이 야속하기까지 하다. 나는 습성이 밥을 먹고 나면 꼭 10분 후에 졸리기 시작한다. 그래서 가능하면 장거리 운전을 할 때는 밥을 안 먹으려 해도 그게 쉽지가 않다.

청양 칠갑산 길을 오를 때쯤 되면 날은 더 어두워져 앞을 가늠할 수가 없다. 오로지 앞차의 꽁무니만 바라보고 칠갑산 꼬부랑 길을 올라야 한다. 도저히 졸려서 칠갑산 휴게소에 몸을 풀고 잠시라도 쉬어가야 할 판이다. 가수 주병선의 노래로 유명한 칠갑산! 나는 이미 이 칠갑산을 완주한 터라서 산의 생리는 대충 안다. 노래가 참 구슬프다. 가슴을 저미는 한 편의 시다. 작사를 한 건지 아니면 누구의 시를 작곡한 건지는 몰라도 어찌나 가슴을 후벼파고 쥐어뜯는지 모르겠다.

노래방에 갔을 때 가끔 이 노래를 부른다. 부를 땐 좋은데 문제는 한참 떴던 분위기가 착 가라앉는 것이 흠이다. 여기다 내 애창곡인 최현군의 대학가요제 입상곡인 〈백팔번뇌〉까지 불러버리면 사람들이 으악 한다. 〈칠갑산〉을 들을 때는 오징어 굽듯이 몸을 비틀고 가슴을 쓸어내리던 사람들이, 〈백팔번뇌〉를 부르면 얼굴볼에 알을 만들어 목탁 소리를 내는가 하면, 합장을 하고 연신 나에게 반배를 올리기도 한다. 자신의 번뇌를 제발덕신 씻어달라나. 그러면 나는 신이 나서 더욱 심각하게 분위기를 잡는다.

충주 집으로 돌아갈 때는 금방 어두워지기 때문에 36번 국도의 묘미를 더 이상 느낄 수가 없다. 진짜 묘미는 다시 대천을 향하여 올 때다. 직장이 여기에 있으니 비가 오나 눈이 오나 나는 바닷가를 향해 다시 와야 하는 것이다. 사계절이 피어선 지고 하는 모든 광경을 온몸으로 느끼며 36번 국도를 따라 다시 달리는 것이다.

충주의 젖줄 남한강을 뒤로하면서 음성, 증평으로 내달려 증평 인터체인지 쪽으로 가서는 오창으로 빠진다. 오창에 다다르면 이제는 미호천이 흐른다. 굽이굽이 흘러 금강과 만나는 미호천은 여름에는 물이 많고 가을부터는 물이 적다. 유유히 흐르는 강을 볼 때면 마치 나의 인생 역정을 보는 것 같다. 내 인생은 어찌 보면 부딪침으로 점철되어 있다. 부딪쳐 흐르지 않는 강이 길을 낼 수 없는 것처럼, 부딪침이 없는 삶은 무미건조하다. 그 삶에는 치솟는 에너지가 없어 새로운 길을 낼 수 없기 때문이다.

조치원을 지나 백제의 고도 공주로 향하면 오후가 무르익는다. 낮은 산들이 때로는 동네의 넉살 좋은 아저씨처럼, 때로는 우락부락한 장승처럼 다가오고, 또 어떨 때는 눈을 잔뜩 머리에 이고 부처상을 한 채 멀리서 다가온다. 번뇌에 찌든 나에게 무언의 설법을 하는 듯하다. 시계가 좋을 때는 산봉우리들이 아기자기하게 겹쳐서 몽긋몽긋한 것이, 마치 처녀 젖가슴인 양 보얗게 눈에 박힌다. 역시 백제의 미소와 얼이 서려 있어 공주의 산들이 그렇게 멋있게 다가오나 보다.

칠갑산을 넘고 여주재를 넘어 보령으로 다가가면 바다 냄새가 스물스물 기어들어 온다. 그 특유의 짜고 비린내 나는 냄새……. 특히 여름에는 더하다. 이쯤 되면 나의 직장인 대천 바닷가가 가까워졌다는 뜻이다. 바다가 없는 유일한 내륙도인 중원 땅 충주에서 쉼 없이 달려와 바다에 안기려는 순간이다.

이렇게 오가는 것은 온전히 36번 국도 덕분이다. 36번 국도가 그렇게 고마울 수가 없다. 고속도로나 철도처럼 시원하게 뚫리지는 않았지만 돈 내라는 톨게이트도 없고 역도 없다. 그저 가다가 힘들면 어디서나 쉬어 갈 수 있고 계절 따라 변하는 산빛, 들빛, 형형색색의 꽃, 주렁주렁 열린 과일들을 볼 수 있어 좋다. 36번 국도는 내 평생 잊히지 않을 추억의 길이다.

(2009. ≪월간문학≫ 8월호)

어머니의 손전등

칠순을 넘긴 어머니는 허름한 연립 주택 2층에 사신다.

사시던 주공 아파트가 재개개발에 들어가는 바람에 잠시 나와 사시는 것이다.

연립주택의 계단이 참 가파르다. 계단 층이 높고 경사가 심하다. 난간은 손으로 잡기에 가늘고 여기저기 녹이 슬어 있다. 오래된 주택이라 그런가 보다.

어머니는 매일 이 계단을 오르내린다. 어느 날 이 계단을 내려오다가 다리를 부러뜨렸다. 다리를 헛디딘 것이다. 이 일로 하여 대학병원에서 한 달을 입원하였다. 어머니는 모진 고통을 이겨내며 수술을 받아야만 했다.

퇴원 후 한동안 목발을 짚고 다녔다. 문제는 또 계단이다. 목발을 짚고 어떻게 그 가파른 계단을 오르내린단 말인가. 아직 수술 한 곳이 다 아물지도 않은 상태이다.

그런데도 어머니는 이를 악물고 계단을 오르내렸다. 한 손으로는 난간을 부여잡고 한 손으로는 목발을 짚고 엉금엉금 기듯이 계단을 오르내렸다.

요즘 같은 세상에, 웬만하면 엘리베이터가 설치되어 있는 좋은 세상에 어머니는 2층 연립주택이라는 이유로 계단을 오르내리는 것이다. 자식들은 대부분 고층 아파트에 살기에 계단을 오르내릴 이유가 없다. 순전히 어머니만 이런 고통을 감내하고 있는 것이다.

지금은 목발을 짚고 다니지 않는다. 다만 전보다 걷는 것이 느리다. 조금은 절룩거리며 좀 높은 곳이라도 오르려면 애를 먹는다. 발목 부위에 훈장을 새긴 것처럼 수술 흔적이 선명하다.

어머니는 계단을 무서워한다. 계단 때문에 다리를 다쳤으니 계단이 공포의 대상인 것이다. 늘 조심하고 또 조심한다.

지난번 계곡에 놀러갔을 때 조그만 언덕을 오르는데도 얼마나 힘겹고 두려워하는지 자식들이 보기에 참으로 안타깝고 죄송스러웠다. 좋은 집을 마련하여 드렸더라면 이런 일이 없었을 텐데 하면서 내심 반성도 했다.

어느 주말 밤 어머니를 뵙기 위해 아내와 함께 연립주택을 방문하기로 했다. 미리 저녁 8시경에 출발하겠노라고 전화를 드렸다. 우리 집에서 어머니가 사시는 연립주택까지는 승용차로 약

20분 정도 소요된다.

어머니는 2층 연립주택 베란다에 홀로 나와 계셨다. 둘째 아들 내외가 언제 오나 하고 기다렸던 모양이다. 어스름 달빛에 비친 어머니는 영락없이 어린 시절 동네 어귀에 나와 기다리고 있던 엄마 그대로의 모습이다.

자동차의 헤드라이트가 비치자 어머니는 아들임을 확인하고 급히 사라졌다. '아, 그 불편한 다리로 계단을 내려오시려나. 가만히 계시면 우리가 올라 갈 텐데.' 순간 걱정이 앞섰다.

우리 내외가 계단을 올라가려는 순간 웬 손전등이 비치고 있었다. 어머니가 출입문 앞에서 계단을 향해 손전등을 비추고 있는 것이었다. 암만 허름한 연립주택이라도 사람이 들어가면 인공 센서기가 부착되어 있어서 자동으로 전등이 켜지곤 했는데, 오늘따라 이것이 고장이 났단다.

어머니는 손전등을 비추기 위해 베란다에서 급히 사라졌던 것이다. 자식이 혹시 계단을 올라오다 다치기라도 하면 어떡하나 싶어서. 언제 올지 몰라 베란다에서 지켜보다가 자식이 도착하니까 금방 알아채고 손전등을 비춘 것이다.

조명이 그리 밝지 않은 손전등에는 백 룩스 이상의 어머니의 불빛이 흐르고 있었다. 그것은 자식에 대한 아낌없는 헌신이며 본능적인 사랑의 몸짓이었다.

최소한 자식은 당신처럼 계단에서 넘어져 다리가 부러져서는 안 된다고 손전등 불빛을 통해 역설하고 있었다.

어머니는 나의 신화이자 수필이자 소설이다. 어렸을 적에는 그 어려운 밭일을 하면서 밤에는 피곤도 잊은 채 자식들에게 옛 이야기를 들려주곤 하였다.

귀신 이야기며, 돌아가신 할아버지 이야기며, 전해 내려오는 마을 이야기 등을 참도 구수하게 엮어내셨다. 일자무식인데도 기승전결에 맞추어 물 흐르듯이 잘도 꾸며내셨다. 어머니는 그러니까 나에게 신화 창조자였다.

하나의 이야기지만 그것을 신비롭게 각색하여 나의 눈을 똘망똘망하게 만들어 상상의 세계로 빠져들게 했다. 어머니는 그 자체로 나의 신화가 되었다.

신화를 리얼하게 쓰면 수필이 된다. 어머니의 신화 창조는 멈추었지만 그 자체로 나에게 신화로 남아 있으니 수필의 좋은 제재가 된다. 굳이 수필이라는 형식에 담아내지 않더라도 어머니는 그냥 그대로 나의 수필이다. 웃는 모습 그대로, 손전등을 비추어 주는 모습 그대로 나에게 뜨거운 수필이다.

어머니를 보면 무한한 상상력이 솟고 이야기가 주절주절 만들어지니 또한 소설이다. 마음만 먹으면 어머니의 일대기를 일주일 만에 써 내려갈 것 같다.

어머니의 머릿속에는 몇 권의 소설이 들어있다. 쓰다가 밑천이 떨어지면 얼른 들추어내기만 하면 된다. 그러니 어머니는 그 자체로 얼마나 방대한 소설인가.

오랜만에 어머니와 정담을 나누었다. 수술한 다리를 어루만지며 위로도 해 드렸다. 어머니는 어찌나 할 말이 많은지 그동안 쌓인 이런저런 이야기를 우리 내외에게 들려주었다. 잠시나마 신화의 시대로 돌아간 것이다. 그 순간 나는 수필을 쓰고 소설을 완성했다. 마음으로 쓴 것이기에 아직 발표는 미루겠다.

먼 훗날 어머니가 내 곁을 떠나 영영 진공眞空의 세계로 돌아가신 날, 정말로 신화가 되어버린 어머니의 이야기를 하나하나 들추어내어 수필을 쓰고 소설을 엮어낼 것이다.

어머니는 떠날 때도 변함없이 손전등을 비추어 주었다. 조심해서 내려가라며 끝까지 우리 내외를 비추어 주었다. 뒤통수로 백 볼트 이상의 찌릿찌릿한 어머니의 사랑이 느껴졌다.

(2009. ≪충주문학≫ 27집)

3부

홀로 걷는 길

내가 눈물을 흘릴 때

남자는 세상을 살면서 세 번 운다고 한다. 처음 태어날 때 한 번, 부모님이 돌아가셨을 때 한 번, 나라가 망했을 때 한 번이다. 그 외에 우는 것은 남자의 수치라고 여겼다. 어렸을 적 돌부리에 걸려 넘어져 울면 어김없이 할머니는 그걸 가지고 사내가 울면 불알 떨어진다고 했다. 계집아이는 울어도 되지만 사내아이는 웬만한 것 가지고는 울어서는 안 된다고 가르쳤다.

그런데 나는 유독 눈물이 많은 것 같다. 어른 나이가 돼도 한참 된 지금도 나는 곧잘 눈물을 흘린다. 아마도 할머니의 말씀대로라면 불알이 서너 번도 더 떨어질 일이다.

나는 의식이 진행될 때 가끔 눈물을 흘린다.

예를 들어, 올림픽 시상식에서 애국가가 울려 퍼질 때 눈물이 찔끔한다. 애국충정이 가슴 깊이 솟아나서 그런 것은 분명 아닌 것 같은데, '무궁화 삼천리 화려강산 대한사람 대한으로'쯤 가면 목이 울컥하면서 눈물이 찔끔한다. 내가 올림픽에 나가 승리를 거둔 것도 아닌데 눈물이 나는 이유는 무얼까?

그 이유는 아무래도 나도 모르는 애국심이 배어나오기 때문인 것 같다. 내 나라 선수가 내로라하는 세계 선수들을 물리치고 당당히 승리한 기쁨에다, 앞으로는 절대로 나라가 망해서는 안 되고 우리나라가 잘 되어야겠다는 발원에서 눈물이 솟아나는 것 같다.

또 내가 눈물을 흘릴 때는 감동적인 공연을 감상할 때이다.

특히, 학생들이 열성을 다해 무대에서 자신들의 끼를 펼쳐 보일 때 가슴이 울컥하면서 눈시울이 뜨거워진다. 한번은 초등학교 어린이들이 난타 공연하는 것을 보았다. 그 어린아이들이 북채를 두 손에 잡고 율동을 하며 있는 힘을 다해 북을 두드리는 모습이 어찌나 감동스럽던지 나도 모르게 눈물이 주르륵 흘러내렸다. 아무래도 그들이 펼쳐 보이는 소리가 뜨거운 전율이 되어 내 가슴팍으로 파고들어 눈물샘을 자극한 것 같다. 그 어린것들이 너무도 앙증맞고 멋져 보였던 것이다.

학교 축제 때도 마찬가지다. 학생들이 1년 내내 연습하고 준비한 것을 무대에서 아낌없이 펼쳐 보일 때 나도 모르게 가슴이 뜨거워지면서 눈물이 흐른다. 아마도 공부는 공부대로 하면서 도대체 준비는 언제 했으며, 가르쳐주지도 않았는데 저희들끼리 연습은 어떻게 했을까 하는 의아심과 함께 무한 잠재능력에 대한 감동 때문에 눈물이 배어 나오는 것 같다.

내가 또 눈물을 흘릴 때는 사람이 우는 장면을 볼 때이다. 텔레비전에서 가끔 '용서의 시간'이라고 하여 부모와 자식이 몇 십 년 만에 만나 서로를 용서해 주며 부둥켜안고 우는 것을 볼 때 나는 가슴이 미어진다. 하도 눈물이 펑펑 쏟아져 아예 크리넥스 휴지를 옆에 갖다 놓고 연신 빼서 눈을 훔쳐야 한다. 텔레비전의 우는 장면을 보노라면 마치 상처 난 소나무 껍질에서 진액이 흘러나오는 것처럼, 가슴 어디선가 뭉치고 뭉쳐 있던 눈물 고름이 쉴 새 없이 줄줄 흘러나오는 것 같다.

이때 흘리는 나의 눈물은 그야말로 진액 그 자체이다. 그 어떤 것도 섞이지 않은 순수 그대로의 결정체이다. 내가 보여줄 수 있는 가장 아름다운 슬픔의 극치다. 내 내면의 진액이 슬픈 장면과 만나 눈물로 제조되는 가장 고결하고 엄숙한 순간이다.

나는 지독하게 고독하다고 느낄 때 또 눈물을 흘린다.

내가 해군에 입대할 때이다. 기차를 타고 병영에 도착해서 입영식이 끝난 후 배웅 왔던 친구들이 돌아가자 눈물이 왈칵 쏟아졌다. 오로지 나 홀로 군에 남았다는 고독감이 온몸을 휩쓸었기 때문이다. 어찌 보면 나약한 모습으로 비춰질지 모르나 그때의 고독감은 이루 말할 수가 없었다. 앞으로 군 생활을 잘 견디어야 한다는 중압감과 함께, 모든 것을 혼자 헤쳐나아가야 한다는 어쩔 수 없는 운명 앞에 내 스스로가 한없이 슬퍼 보였다. 마치 광야에 홀로 던져진 외로운 사나이처럼 나는 그 순간 지독한 고독을 맛보았던 것이다.

홀로 바닷가를 거닐 때도 마찬가지다. 가족과 떨어져 멀리 대천 바닷가에 있을 때 가끔 시간을 보낼 요량으로 해변을 거닌 적이 있다. 파도가 무심히 왔다가 사라지는 것을 보고 있노라면 괜히 목이 울컥하면서 눈물이 핑 돈다. 가슴을 쓸어내리는 고독이 파도에 밀려왔기 때문이다. 누군가가 물은 그 본성이 슬픔을 잉태하고 있다고 했다. 그래서 그런 것인가. 바다를 보고 있노라면 왠지 우울해지고 슬퍼지는 것 같다. 따지고 보면 눈물도 그 본성이 물이 아닌가.

내가 또 눈물을 흘릴 때는 절체절명의 생로병사 앞에서다.

사람은 태어날 때 울고, 늙어서는 서러워서 울고, 병들어서는 괴로워서 울고, 죽을 때는 아쉬워서 운다. 나는 가끔 이렇게 살다가 언젠가는 늙고 병들어서 죽는다는 엄연한 삶의 법칙 앞에서 내 자신을 앞에 두고 혼자 눈물을 흘리곤 한다. 이른 아침 출근을 위해 멀리 자동차를 홀로 운전하며 갈 때 나도 모르게 슬퍼질 때가 있다. 도대체 무엇을 위해 이렇게 멀리 힘들게 가야 하는가. 도대체 운전대를 잡고 있는 이 몸뚱이는 무엇이란 말인가. 피곤한 몸에 하품이라도 쏟아지는 날이면 더욱 내 자신에게 연민이 솟는다. 그러면서 한바탕 뜨거운 진액의 눈물이 주르륵 콧등을 적신다.

샤워를 하기 위해 발가벗은 몸을 하고 거울 앞에 설 때도 마찬가지다. 얼굴은 그런 대로 포동포동하고 몸도 그런 대로 봐줄만 하다고 느껴지다가도 어느 순간 마음이 돌변하면서 슬퍼진다. 사람이 복합 심리를 가졌다고 하는 것이 꼭 나를 두고 하는 말인 것 같다. 마음이 괜찮다가도 금방 슬픔 모드로 바뀌니 말이다. 이 몸도 언젠가는 이 세상에서 사라질 터인데 뭐 그리 집착할 것이 있는가 하고 반문하게 되는 것이다. 그러면서 그 절체절명의 법칙 앞에 인간 존재의 유한성이 안겨주는 슬픈 진액을 맛보는 것이다.

마지막으로 아침 장례행렬을 볼 때 눈물을 흘린다.

이른 아침 국도를 달리다가 검은 차에 하얀 리본을 두른 장례행렬과 마주칠 때가 있다. 제일 앞에 리무진 같은 좋은 차가 비상깜박이를 넣고 천천히 에스코트를 하며 그 뒤로 관을 실은 장례버스가 따라간다. 장례버스에는 고인의 자손과 조문객이 타고 있는데 너나없이 졸린 눈을 하고 고개가 뒤로 젖혀져 있다. 얼마나 잠 못 자고 피곤하면 그러하랴 싶다. 그 뒤로 몇 대의 차가 더 따라간다. 아마도 산에서 치를 장례용품을 싣고 가는 것 같다.

나는 장례행렬을 보면 무조건 피해준다. 그러면서 잠시 운전대에서 손을 떼고 합장을 한 채 내 종교의식을 한다. '나무아미타불,

나무아무타불, 나무아미타불… 부디, 극락왕생 하소서.'라고 말이다. 이때 가슴이 벅차오르며 눈물이 찔끔한다. 한 인간이 세상에 태어나 갖은 희로애락을 겪으며 살다가 마지막 눈을 감을 때 어찌했는가를 상상해 보는 것이다. 결국은 남의 일이 아니라는 것을 절감하는 순간 나도 모르게 눈물이 솟는 것 같다.

눈물, 그것은 여자의 전유물이 아니다. 눈물은, 적어도 나에게 있어 얼마든지 흘려도 되는 정화의 도구이다. 왠지 눈물을 흘리고 나면 그리 개운할 수가 없다. 그래도 남자라서 가능하면 혼자 흘리려고 한다. 단, 집에서는 얼마든지 흘려도 좋다. 왜냐하면 아내는 내가 눈물이 많다는 것을 익히 알고 있기 때문이다.

(2010. ≪충주문학≫ 28집)

내가 안 하는 것 세 가지

세상을 살아가면서 안 하는 것 세 가지가 있다. 첫째는 담배를 피우지 않는 것이고, 둘째는 낚시를 하지 않는 것이고, 셋째는 화투를 치지 않는 것이다.

담배는 꽤나 오랫동안 빈 가슴을 채워주었던 추억의 벗이다. 대학에 들어가자마자 시작했으니 거의 20년을 피운 셈이다. 담배에 관한 추억을 떠올리자면 참 많다. 어린 시절 아버지 호주머니에서 몰래 새마을담배 한 개비를 꺼내 쭉 빨아보고는 기절초풍한 적이 있다. 어찌나 쓰고 머리를 핑 돌게 하는지 그냥 방바닥에 드러누워 버렸다. 그런데도 한참이나 몸이 붕붕 뜨고 천장이 위로 갔다 아래로 갔다 빙빙 돌다가 쿵 내려앉는 것 같은 기분이 지속되었다.

그때가 아마 중학교 시절이었던 것 같은데 담배가 그렇게 독하다는 것을 처음으로 알게 된 것이다. 그 사건 이후 담배를 매양 입에 물고 살다시피 하는 할머니가 그렇게 신기하게 보일 수가 없었다. 우리 할머니는 화롯불 옆에 앉아서 긴 곰방대에 황갈색 나는 말린 연엽을 잘게 찢어 넣고는 연신 연기를 피워 올리곤 했다.

옆에서 보노라면 치아도 없는 볼이 들어갔다 나왔다 하는 것이 마치 요술주머니 같아 보여 막 놀리기도 했다. 그러면 할머니는 '진짜 요술을 보여주마.' 하시면서 내 머리에 담배연기를 푹 품고는 머리에 불났다고 소리치면서 겁을 주곤 했다.

낚시는 친구를 따라 배우려고 노력했던 것 중의 하나이다. 친구가 낚시를 꽤나 좋아했기 때문에(사실 지금도 좋아한다.) 나도 한번 취미를 붙여보자는 심사였다.

저수지에서 주로 한 것 같은데 월척은 못했지만 나름대로 스릴을 즐긴 것 같다. 바늘 코에 구불텅 대며 난리치는 지렁이를 꿰고 잔잔한 물결에 낚시 줄을 던지면, 찌가 쑥 들어갔다 나오며 손마디만큼 얼굴을 내민다.

고기가 입질을 하는지 안 하는지는 찌를 보면 알 수 있다. 찌가 쑥 들어가면 영락없이 고기가 지렁이를 입안에 쳐 넣은 상태이다. 이때 확 낚아채면 날카롭고 뾰족한 바늘이 고기 주둥이를 콱 꿰어서 옴짝달싹 못 하게 하는 것이다. 물 위로 들어 올려질 때까지 발버둥을 치지만 바늘은 한번 꿴 고기를 절대 놓아주지 않는다. 바늘이 그렇게 생겨먹었다.

이것을 낚시꾼들은 손맛이라고 한다. 대어를 낚을수록 손맛은 자지러질 정도로 감칠맛이 난다고 한다. 이 맛에 낚시를 한다고 해도 틀린 말은 아닐 성싶다. 혹자는 이태백이 달밤에 빈 낚싯대를 드리우고 세월을 낚는 것처럼 낚시를 한다고 하는데 내 생각은 좀 다르다.

손맛이 없다면 열에 아홉은 당장에 낚시를 그만둘 것 같다. 이것은 내 경험이 입증한다. 풍광을 즐기는 것도 한두 시간이지, 입질이 전혀 없거나 혹여 낚아챘다가 빈 바늘만 덜렁 올라왔을 때 그 꺼진 가슴은 말로 표현할 수가 없었다. 낚시는 말 그대로 생명을 낚는 것에서 스릴과 즐거움을 찾는 인간의 전도된 오락이다.

또 안 하는 것이 화투놀이다. 화투놀이의 대표 격인 고스톱은 국민오락이라고 할 정도로 보편화 된 적이 있다. 노름판이라 하여 좀 안 좋게 치부한 적도 있으나, 어느 때부터인가 어린이부터 어른까지 즐기는 놀잇거리가 되었다.

요즘은 좀 덜한 것 같은데, 여름 계곡에 덩그런 바위 위에나 나무 그늘에 사람들이 옹기종기 모여 있으면 영락없이 그건 고스톱 판이다. 고스톱은 시공간을 초월한다. 점심 먹기 전 짬 내어 치는 고스톱, 기차 안에서 치는 고스톱, 심지어 달리는 봉고차 안에서 치는 고스톱……. 열거하자면 끝도 없다. 사람 셋만 모이면 바로 화투패가 돌아가는 것이다.

내 경험 중에 화투판의 진면목을 본 일이 있다. 어느 학교에서 학년부 총무를 맡고 있을 때인데, 겨울방학이 되어 교사 연수를 추진하게 되었다. 연수라고 해야 하룻밤 정도 쉬면서 그동안 못다 했던 정담을 나누며 일 년을 뒤돌아보는 시간이다.

전라도 고창 선운산 주위 여관에 여장을 풀고 새벽에 일찍 일어나 선운산 등산을 하기로 했다. 나는 총무로서 등산과 문화재 답사 일정 등을 상세하게 안내하였다. 그런데 웬걸 몇이서 모이더니 고스톱 판이 벌어지기 시작했다. 한 팀도 모자라 두 팀이 양쪽으로 갈라서 고스톱을 치기 시작했다. 딱 1시간만 하겠다고 약속했던 사람들이 자정을 넘겨 새벽으로 치닫고 있었다. 앉아서 술을 기울이며 지나온 일 년을 뒤돌아보며 정담을 나누려던 계획은 아예 처음부터 시도도 되지 않았다.

방 안은 연기로 자욱하고 소주병에 담뱃재는 쌓이고 사람들의 눈은 피멍처럼 충혈되어 갔다. 자세가 뒤틀리면서도 눈은 오로지 화투장에 아로새겨져 떠날 줄 몰랐다. 점수가 났을 때의 탄성과 점수가 나지 않았을 때의 한숨이 서로 교차되면서 겨울밤은 그렇게 깊어만 갔다.

나는 모든 걸 포기하고 잠자리에 들었다. 나라도 무슨 일이 있어도 새벽에 일찍 일어나 선운산에 올라가리라 다짐했다. 새벽

5시 경이었다. 혹시나 하고 화투판이 벌어졌던 큰 방을 가 보았다.

어쩜 이런 일이……. 아직도 고스톱은 진행 중이었다. 몇 명은 옆에서 그냥 쓰러져 코를 골고 있고, 몇 명은 쌈짓돈까지 다 떨어졌는지 옆에서 구경만 하고 있었다. 고스톱을 그만 중단하라고 총무의 권한을 들이대며 말려도 소용이 없었다. 나는 하는 수없이 그래도 수면을 취한 몇 사람을 간신히 설득하여 선운산 새벽 등반에 올랐다.

등산을 마친 후 오전 11시쯤이었다. 세상에, 여관에 와 보니 사람들은 아직도 고스톱을 치고 있었다. 나는 고스톱이 이렇게 매력적인지 몰랐다. 아니, 매력적인 것인지 아니면, 중독적인 것인지 알 수가 없었다. 좋게 말하면 매력이고, 나쁘게 말하면 중독이 옳다.

점심시간이 되어서야 고스톱은 멈추었다. 장장 12시간 이상 고스톱 행진을 한 셈이다. 그런 힘이 도대체 어디서 나올까. 정말 대단한 체력이요 인내력이다. 나도 고스톱을 쳐 보았지만 그렇게 매력을 느껴본 적은 없다. 물론 자신이 의도했던 대로 되었을 때 스릴은 충분히 있다. 그리고 상대방을 무력화시켜 판돈을 다 끌어모았을 때 마치 횡재한 기분이 드는 것도 사실이다.

그때의 연수는 고스톱 연수였다. 돌아오는 차 안에서 사람들은 다투기 시작했다. 원인은 화투판에서 많이 잃은 사람이 좀 심기가 불편했던 것 같다. 문화재 답사나 일 년의 평가는 온 데 간 데 없고 바위덩어리만 한 피곤함만 몸에 얹은 채 귀가를 재촉해야만 했다.

세상을 살아가면서 안 하는 세 가지는 모두가 내 경험에서 우러난 것이다. 흡연, 낚시, 화투 이 세 가지는 어떻게 보면 참 좋은 취미일지 모른다. 그러나 적어도 나에게는 악폐이다. 흡연은 정신을 흐리게 하고, 낚시는 생명을 해치는 일이고, 화투는 혹여 요행스런 마음을 자아낼까 봐 금한다. 이것은 어쩌면 내 스스로 만든 세 가지 계율인 셈이다.

(2010. ≪문예충북≫)

홀로 걷는 길

"절이 너무 좋은데 하룻밤 자고 갈 수 없을까요?"

"아이고, 어떡하지요? 오늘은 신년하례 차 전국에서 스님들이 왔는지라 방이 없네요."

나는 선암사가 그렇게 좋은 줄 몰랐다. 산이 좋고 절이 좋아 배낭 하나 달랑 둘러메고 홀로 떠나온 여정이지만 이런 절경은 처음이다. 정호승 시인이 "눈물이 나면 기차를 타고 선암사로 가라." 한 것이 헛말이 아닌 듯싶다. 계곡을 따라 쭉 이어진 하얀 눈길은 번뇌로 물든 이 중생을 단박에 깨달음의 세계로 인도할 것 같다.

승선교를 지나니 강선루가 나타났다. 신선이 오르는 다리에 내가 가고, 신선이 내려오는 저 누각에 내가 앉는다? 하, 좋다!…….

나는 혼자 말로 중얼거리며 눈 덮인 선암사 길을 뚜벅뚜벅 걸어 들어갔다. 드디어 전각이 하나 둘 보이기 시작했다. 아, 태어나서 이런 고색 찬연함은 처음이다. 전각마다 세월의 이끼가 문창살에 묻어나고, 색 바랜 단청은 잿빛으로 흘러서 무상無常의 사자후를 토한다. 절 마당 한가운데 서 있는 탑도 그러려니와 대웅전, 만세루, 무량수전 등 전각이 다 그러하다.

아, 하룻밤 묵고 싶다. 순간 나도 모르게 그런 마음이 솟구쳤다. 전생에 무슨 인연이 있어서일까, 아니면 아늑한 고향집 같아서일까? 더욱 내 마음을 사로잡은 것은, 하얀 눈이 빚어내는 도량의 운치이다. 고찰古刹의 설경이 이렇게 아름다울 줄이야. 거기에다 도량 뒤로 조계산 봉우리가 저마다 눈을 이고 지고 병풍처럼 펼쳐져 있는데, 어떤 봉우리는 우뚝 솟아올라서 사천왕인 양 도량을 외호하고 있는가 하면, 어떤 봉우리는 납작 엎드려 마냥 부처님께 참회 기도를 올리는 듯하다.

그러나 난 선암사에서 잘 복이 없었다. 절이란 곳이 원래 오는 사람 막지 않고 가는 사람 잡지 않는다고 했건만, 방이 없다니 더 이상 할 말이 없었다.

나는 이틀째 만행 중이었다. 만행이란 수행자들이 일정한 안거安居를 마치고 구름에 달 가듯이 이리저리 떠돌아다니는 것을 말한다. 나도 수행자처럼 만행을 하고 싶었다. 오랜만에 일터를 벗어나 마냥 어디론가 가고 싶었다.

홀로 걷는 길! 이 길은 절대 고독의 시간이다. 일할 거리도 없고 부양할 가족도 없고 대면할 사람도 없다! 오로지 광야에 홀로 던져진 영혼과의 독대만이 있을 뿐이다. 나는 이런 순간을 즐긴다. 걷고 걸으면서 명상에 빠져보는 것이다. 내 안에 또 다른 내가 있다. 나는 이를 주인공이라 부른다. 주인공은 참된 나이다. 내면 깊숙이 잠자고 있던 참 나를 일깨워서 끝없이 대화를 이어가는 것이다.

개구즉착開口卽錯, 입을 열면 곧 틀리다는 뜻이다. 이는 말의 한계를 지적하는 경구이다. 말은 나름대로 훌륭한 표현 방편이지만, 오묘한 자연의 깊이나 영혼의 울림까지 담아낼 수 없는 것이 흠이다. 나는 살아오면서 말 때문에 번민하고 갈등한 적이 한두 번이 아니다. 그래서 침묵을 좋아한다. 정 침묵하기가 어려우면 집을 박차고 나간다. 바로 만행을 떠나는 것이다. 가까운 산도 좋고 절도 좋고 바다도 좋다. 만행을 한다는 것은, 넓은 벌판에서 수많은 존재들과 만나 대화를 나누는 일이기 때문이다. 하늘, 땅, 바다, 강, 나무, 새소리, 물소리, 천년 고찰 등은 내가 자주 만나는 대화 상대이다.

나는 선암사 산문을 나와 사하촌 여관에서 하룻밤을 자고, 아침 일찍 조계산 산행 길에 올랐다. 물론 홀로 걷는 길이다. 아침이라 그런지 사람 그림자 하나 찾을 수 없다. 그야말로 고요한 눈길이다. 근래 눈이 하도 많이 내려 내심 걱정을 했지만 다행히 길이 나 있었다. 서산대사가 말하기를, “눈 온 길을 어지러이 걷지 마라. 당신의 발자국은 뒤에 오는 사람의 이정표인 것을.”라고 했다. 수없이 지나간 발자국에 감사의 미소를 보낸다.

조계산은 두 명찰을 품은 산으로 유명하다. 산 동쪽으로 태고종찰 선암사가 있고, 서쪽으로 승보종찰 송광사가 있다. 역사적으로 선암사는 대각국사 의천이 크게 중창했고, 송광사는 보조국사 지눌이 주석하면서 많은 제자를 배출했다.

나는 동쪽 선암사에서 조계산을 넘어 서쪽 송광사로 향하고 있는 것이다. 피톤치드를 발산하여 아토피에 좋다는 편백나무가 겨울 삭풍에도 푸름을 자랑하며 줄지어 서 있다. 머리와 어깨에 한껏 눈을 이고 지고 마치 참선이나 하듯 고요하게 뻗어있다. 그런 중에 어디서 들려오는 딱따구리의 나무껍질 쪼는 소리……. 아, 이런 영혼의 울림이 어디에 있겠는가!

굴목재에 이르렀다. 빨치산 이야기가 걸려 있다. 이데올로기로 생사生死를 가르던 그 시절, 빨치산이 이 조계산에 숨어들어 마을 사람들이 잠을 못 이루었다는 이야기. 빨치산도 같은 혈육이거늘 어째서 그리도 힘겨운 투쟁을 했을까. 이데올로기는 때려도 부서지지 않는 은산銀山 철벽과 같다. 사람의 생각을 한쪽으로 몰아 꼼짝달싹 못하게 하고, 심지어는 생명을 헌신짝처럼 버리게 하는 마법을 지니고 있다.

아, 갑자기 세찬 바람이 몰아친다. 어디서 빨치산의 혼령이 엄

습해오는 걸까? 어느덧 송광사가 가까워 오는가 보다.

무려 3시간을 넘게 걸었다. 주암호가 나오고 마을이 보였다. 또 하나 재미있는 이야기! 도대체 누가 이런 이야기를 적어서 나무에 걸어놓았을까. 틀림없이 그분은 산을 좋아하고, 사람을 사랑하는 사람이리라.

마을에 건장한 청년들이 내기를 했다. 며칠 전에 송광사 스님이 돌아가셨는데 다비장에서 화장을 했다. 누가 밤중에 혼자 그곳에 가서 남은 재를 가져올 수 있느냐 하는 것이었다. 가져오는 사람은 영웅 대접을 해주겠다고 했다. 어느 한 청년이 나섰다. 달빛도 어스름한 그곳에 가보니 과연 다비한 흔적이 역력했다. 타다 남은 장작더미를 헤쳐 재를 한 줌 넣어 뒤돌아서는 찰나, 무엇이 바짓가랑이를 잡아챘다. 순간 목덜미가 빼근해지면서 숨이 막혀 그 자리에서 쓰러지고 말았다.

한밤중이 되어서도 사람이 돌아오지 않자, 마을 청년들이 횃불을 들고 찾아가 보았다. 그 청년의 바지가 장작 끄트머리에 걸려 넘어져 있었다. 인공호흡을 하고 사지를 주물러서 간신히 목숨을 살려냈다. 그 청년에게 어째서 쓰러졌냐고 물었다. 그러자 그 청년이 하는 말이 가관이다.

“아이고, 말도 말게나. 웬 귀신이 나타나서 나를 꽉 잡는데 오금이 저리고 숨이 막혀왔다네. 내가 천벌을 받은 게야.”

“귀신은 무슨 귀신, 자네는 저 타다 남은 장작에 걸려 넘어진

거야."

"아니, 뭐라고?……."

나는 이 글을 읽고 얼마나 웃었는지 모른다. 인적 없는 적막 강산에서 배를 잡고 크게 웃었다. 누가 보면 필시 미쳤다고 했을 것이다. 사람은 그렇다. 마음이 불안하면 옷깃 스치는 소리에도 놀라는 법이다. 모든 것이 마음의 작용이기 때문이다. 저기 꽃이 있다고 하여도 내가 꽃으로 여겨주지 않으면 그것은 꽃이 아니다.

송광사에 도착하니 도량 곳곳에 겨울 햇살이 가득하다. 선암사에 비해 전각도 우람하고 단청도 찬란하다. 절 마당 뒤 한편에서 몇몇 스님이 장작을 나르고 있었다. 장작을 보고 나는 웃었다. 아, 저 장작이 귀신이 될 수 있다니!…….

산에서 본 그 청년 이야기가 생각났기 때문이다.

(2010. ≪월간불교≫ 11월호)

명가의 비밀

우연히 TV 드라마를 보았다. 드라마를 보지 않은 지 꽤 오래되었는데 그날따라 사극이 나오기에 눈여겨보았다. 명배우 차인표가 나오고 한복차림을 한 아리따운 여인들이 열연을 펼쳤다. 알고 보니 KBS에서 특별 기획한 역사 드라마 〈명가名家〉였다.

얼마나 드라마하고 담을 쌓고 살았는지 이런 드라마를 하고 있었는지도 몰랐다. 만일 내용을 알았다면 틀림없이 처음부터 보았을 것이다. 마지막 회를 보고서야 바로 이 드라마가 그 유명한 〈경주 최부잣집 300년 부富의 비밀〉을 극화한 것임을 알았다. 이는 몇 년 전 책으로도 나와 세상 사람들에게 잔잔한 감동을 주었던 것으로 기억한다.

이거 큰일이었다. 꼭 보고 싶은데…… 전편을 다 보려면 인터넷으로 들어가 KBS 홈페이지를 뒤져 다시 보기를 해야 할 텐데 이 얼마나 번거로운 일인가. 화면도 작을 것이고 그러기에 감동도 덜할 것이다.

어떻게 할까 고민하다가 메가TV 서비스를 신청했다. 이를 설치하면 얼마든지 다시 보기를 할 수 있다고 했다. 설치는 전화 한 통화로 끝났다. 당장 드라마 〈명가〉를 처음부터 다시 보기 시작했다. 흥미가 진진했다. 병자호란 때 인조 임금을 구하러 남한산성으로 들어가 청나라 군대와 대적하다가 장렬하게 전사한 최진립 장군이 나오고, 그의 손자 최국선이 등장했다. 최진립 장군은 경주 최씨의 시조 고운 최치원 선생의 18세손이라고 했다.

최국선은 경주 최 부잣집 300년 부를 일군 최초의 부자였다. 당연 드라마의 포커스는 최국선의 삶에 맞추어져 있었고, 이 역을 맡은 차인표는 참 잘도 연기를 소화해 냈다. 최국선이 어떻게 어린 시절을 보냈고, 그 이후 한양으로 가서 산전수전 다 겪으면서 인생수업을 받는 과정을 정말로 리얼하게 표현해냈다.

드라마가 매양 그렇듯이 끝나는 부분에서 궁금증을 증폭시켜 안 보면 안 되게끔 하는 묘수를 쓰는 것이 상례다. 드라마 〈명가〉도 예외는 아니었다. 사실 이런 것 때문에 드라마를 본다고 한다. 한때 나도 이런 맛 때문에 드라마에 중독(?)된 적이 있다. 만일 드라마 〈명가〉가 실시간 방송 드라마였다면, 그래서 여기에 빠졌다면 영락없이 나도 폭증하는 궁금증에 일주일을 오매불망했을 것이다. 하지만 미처 보지 못한 것을 연속해서 다시보기 할 수 있는 메가 TV 덕분에 이런 고민은 한방에 날려버렸다.

최국선은 과연 300년 부의 창조자였다. 이름하여 역사에 길이 남을 '청부清富'의 삶을 온몸으로 보여주었다. 17세기 조선의 그 척박하고 힘든 세상에 별처럼 빛나는 '맑은 부자'의 표본이었다. 땀 흘려 재물을 모으되 자신만을 위해 쓰지 않고 널리 베푸니 그 공덕이 하늘에 닿아 어려운 고비를 수없이 넘길 수 있었다. 위기 때마다 은혜를 입은 사람들이 구름처럼 몰려와 최국선을 구해 주었다.

최국선은 부를 일구면서 깨달은 바를 가훈으로 녹여 자손만대에 교훈으로 삼게 했다. 이를 보면 가슴에 잔잔한 감동이 인다.

첫째, 진사 이상의 벼슬은 하지 말라. 높은 벼슬에 올랐다가 세풍에 휘말려 집안에 화를 당할 수 있다. 여기서 진사란 양반의 체면을 세울 수 있는 가장 낮은 벼슬을 말한다.

둘째, 재산은 일 년에 일만 석, 즉 쌀 오천 가마니 이상을 모으지 말라. 지나친 욕심은 화를 부른다. 일만 석 이상의 재산은 이웃에게 돌려 사회에 환원한다.

셋째, 나그네를 후하게 대접하라. 누가 와도 넉넉하게 대접하여 푸근한 마음을 갖게 한 후 보낸다.

넷째, 흉년에는 땅을 사지 말라. 흉년 때 먹을 것이 없어 싼 값에 내놓은 논밭을 사서 그들을 원통하게 해서는 안 된다.

다섯째, 며느리는 삼 년 동안 무명옷을 입혀라. 내가 어려움을 겪어봐야 다른 사람의 고통을 헤아릴 수 있다.

여섯째, 사방 백 리 안에 굶어 죽는 사람이 없게 하라. 특히 흉년에는 양식을 풀어라.

최 부잣집의 마지막 부자였던 제12대 최준(1884~1970) 할아버지의 결단은 우리에게 또 하나의 사표이며 감동이다. 못다 푼 신학문에 대한 열망으로 현재 영남대학교의 전신인 대구대학교와 청구대학교를 세웠다. 일제시대에는 백신상회를 경영하여 독립자금을 지원했다. 이 일로 하여 일제로부터 모진 고문을 당하였다고 한다.

무엇보다 최준 할아버지는 어떤 노스님의 말씀을 평생 가슴에 담고 살았다고 한다.

"재물은 분뇨, 즉 똥오줌과 같아서 한곳에 모아 두면 악취가 나서 견딜 수가 없고, 골고루 사방에 뿌리면 거름이 되어 알곡을 맺는다."

불경에 보면, '무주상보시無住相布施'라는 가르침이 있다. 이는 널리 베풀되 베풀었다는 생각에 머물거나 그 대가를 바라서는 안 된다는 뜻이다. 쉘 실버스타인의 유명한 동화 〈아낌없이 주는 나무〉는 무주상보시의 좋은 예일 것이다. 나무는 소년에게 모든 것을 베푼다. 자기가 할 수 있는 한 모든 것을 아낌없이 베푼다. 다 주고 밑동만 남았을 때 그 밑동마저도 쉴 수 있는 의자로 쓰라고 한다.

최 부잣집은 대대로 무주상보시를 실천한 것임에 틀림없다. 그리고 그 보시는 노승의 말씀대로 알곡을 맺었다. 최준 할아버지의 보시로 인하여 결국 대학이 만들어졌고, 그 대학을 졸업한 인재들이 사회 각처에서 훌륭한 일을 하고 있을 것이니 말이다.

'노블리스 오블리주'라는 말이 있다. 프랑스 말로서 '귀족의 책임'이라는 뜻이다. 부와 권력, 명성을 가지고 있으면 그에 걸맞게 사회적 책임도 함께 져야 한다는 의미를 함축하고 있다.

미국의 철강왕으로 대학을 설립한 엔드류 카네기나 마이크로소프트사를 세워 세계 제일의 부자가 된 빌 게이츠, 세계적인 금융가 워렌 버핏 등은 노블리스 오블리주를 실천한 대표적인 인물들이다. 그들은 한결같이 자신의 재산을 사회에 환원하여 사회적 책임을 함께 졌다.

오랜만에 본 드라마에서 맑은 부자, 즉 청부의 삶이 어떤 것인지 확실히 알 수 있었다. 내 자신이 경주 최씨라서 그런지 은근히 자부심이 느껴지면서 만일 내가 부자였다면 이처럼 할 수 있었을까 하는 질문도 해본다.

부의 양극화가 심화되는 오늘날 명가의 비밀은 가진 사람들에게 무언의 메시지를 던져주고 있다.

(2010. ≪충주문학≫ 28집)

법정스님 가시는 길

법정스님이 가신 지 벌써 몇 달이 흘렀다. 님은 갔지만 님을 보내지 않았다는 만해 한용운 시인의 절규처럼 내 가슴 한편에는 법정스님의 모습이 선연히 남아 있다.

살아오는 동안 법정스님을 처음 뵌 것은 어느 강연에서다. 스님은 당시 '맑고 향기롭게'라는 사회운동을 펼치고 있었는데, 그때의 카랑카랑한 목소리는 지금도 기억에 생생하다. 말씀 한마디 한마디가 그대로 촌철살인이라서 가슴에 와 팍팍 꽂혔다. 아니, 꽂히다 못해 가슴 속을 헤집고 들어와 황량한 마음에 신선한 바람을 일으켜 이내 미소를 머금게 했다.

당시 스님은 '맑고 향기롭게'라는 문구가 적혀 있는 예쁜 연꽃 문양의 스티커를 나누어주었다. 아마도 지금 생각하기에 '맑고 향기롭게' 운동을 펼치기 위해 한참 전국 순회강연을 다닐 때였던 것 같다.

나는 이 말이 너무 좋아 팥죽색 르망 승용차 뒤쪽에 항상 부착하고 다녔었다. 스티커를 더 구해서 원하는 사람에게 나누어주기도 했다. 그러면서 우리 사는 세상이 좀 더 맑고 향기롭게 되기를 진심으로 기원했다.

그 후 스님의 소식은 간헐적으로 들려왔다. 강원도 오두막집에 산다느니, 세상에는 아예 내려오지 않는다느니, 오두막집을 찾아가더라도 만나주지 않는다느니 하는 소문을 듣곤 했다. 그래서 아, 스님이 다시 은자의 삶을 시작했구나 하는 자의적 판단을 내리곤 했다.

그런데 어느 날 서울에 갔다가 뜻밖에 스님의 소식을 접할 수 있었다. 고속버스터미널 신문 잡지 코너에 스님의 얼굴과 기사가 대문짝만 하게 나 있었던 것이다. 나는 발걸음을 멈추고 기사를 자세히 읽어보았다. 너무도 찐한 감동이 등골을 타고 흘러내렸다. 세상에는 이런 일도 있구나 하며 '아름다운 보시'에 찬탄이 절로 나왔다.

바로 법정스님이 입적할 당시 계시던 길상사에 관한 이야기다. 서울 성북구에 있는 길상사는 고 김영한 씨가 그때 시가로 천억 원 정도 하는 고급 요정 '대원각'을 법정스님에게 보시함으로써 탄생한 절이다. 김영한 씨는 스님의 ≪무소유≫라는 책을 읽고 깊이 감명 받아 자신의 모든 재산을 스님에게 보시하기로 마음먹었다고 한다. 스님을 직접 찾아뵙고 자신의 뜻을 받아줄 것을 간청했으나 스님은 고사했다.

그로부터 8년 후에야 뜻을 받아들여 대원각은 도량으로 일신하게 된다. 한때 고관대작과 기생들이 한판 어우러져 음주가무를 즐기던 고급 요정이 수행 공간으로 변한 것이다. 대원각을 시주한 고 김영한 씨는 비록 기생이었지만 시인 백석과 교유했고, 오십 년대 초 중앙대학교 영문학과를 졸업했으며, 몇 권의 저서를 낼 정도로 교양과 학식을 두루 갖춘 분이었다.

자신의 모든 것을 누군가에게 아낌없이 주고 자신은 텅 비어버리는 것, 이를 불가에서는 '회향'이라고 한다. 자신이 평생 지은 공덕과 받은 은혜를 다른 사람을 위해 모두 되돌려 준다는 의미이다. 이를 위해서는 '무주상보시無住相布施'가 전제되어야 한다. 무주상보시란, 일체 어떤 대가도 바라지 않고 온전히 모든 것을 베푸는 것을 말한다. 거기에는 티끌만큼의 집착이나 미련이 스며들지 않는다. 주는 사람과 받는 사람과 주는 물건이 모두 깨끗하다. 이 삼자 중 어느 한 가지라도 깨끗하지 못하다면 무주상보시가 될 수 없다. 아마도 스님이 8년 동안이나 뜻을 받아들이지 않은 것은 이 삼자를 두고 고민한 것이리라.

법정스님은 길상사를 누구에게나 열려 있는 시민의 도량으로 가꾸면서 한 달에 한 번 정도 강원도 산골에서 내려오셔서 법문을 하시곤 했다. 이것은 스님의 세상 사람들과의 소통 방식이었다. 법문이 책으로 엮어져 나오기도 하고 기사가 되어 알려지기도 했다.

어느 때인가는 법정스님이 우리나라에서 가장 존경하는 인물 1위에 오르기도 했다. 고 김수환 추기경과의 아름다운 교유는 종교의 벽을 허무는 획기적인 사건으로 사람들의 입에 자주 오르내리곤 했다.

어느 날 스님이 폐암으로 병원에 입원해 계신다는 청천벽력 같은 소식을 들었다. 내가 그토록 존경하는 분이 이제 세속과의 인연을 놓으려 하다니……. 가슴이 꺼져 내렸다. 아파트 베란다에 우두커니 서서 밤하늘을 하염없이 바라보았다. 하늘에서 큰 별똥별 하나가 빛을 토하며 지상으로 떨어지는 것 같았다.

마침내 법정스님은 2010년 3월 11일, 봄기운이 감도는 좋은 날에 입적했다. 갖은 번뇌와 집착으로 얼룩진 육신의 옷을 훌훌 벗고 고요한 피안의 세계로 가셨다.

한국의 소로우라고 불릴 정도로 법정스님은 동양의 은자다운 삶을 살았다고 할 수 있다. 실제로 법정스님은 미국의 현대 생태자연사상의 아버지라 칭송받는 소로우에게 영향을 받았다고 고백한 적이 있다. 그 정도로 자연적인 삶을 동경했다는 뜻이다.

스님은 산중에 있으면서도 끊임없이 세상 사람들과 소통하려고 노력했다. 자신이 깨달은 것을 세상 사람들과 공유하려고 하였고, 틈틈이 글을 쓴다거나 어려운 불경을 번역하여 세상에 내놓기도 했다. 내가 가지고 있는 경전 중 최초의 경전 ≪숫타니파타≫나 진리의 말씀 〈법구경〉, 서산대사가 지은 〈선가귀감〉 등은 모두 스님이 번역한 역서들이다.

스님은 늘, 주어진 가난은 극복할 과제이지만 자신이 선택한 맑은 가난, 즉 청빈은 미덕이라고 했다. 이 맑은 가난은 마음을 평화롭고 정의롭게 해주기 때문이다. 오늘날 사람들이 불행한 이유는 물질이 풍족하지 못해서가 아니라, 만족할 줄 모르기 때문이라고 했다. 물질은 많이 가지면 가질수록 행복해질 것 같지만, 오히려 자신이 그 물질에 갇혀 꼼짝달싹하지 못하게 되어 결국 불행을 부른다는 것이다.

세상을 살아보니 스님의 말씀이 꼭 맞는 것 같다. 자신을 옥죄는 감옥이 다른 곳에 있는 것이 아니라 모두 마음속에 있다는 것을 깨닫는다. 예를 들어, 사람이 가지고 있는 다섯 가지 욕망, 즉 재산욕, 색욕, 식욕, 명예욕, 수면욕은 정말 끝이 없다. 이를 오죽하면 오욕락五慾樂이라고 할까. 일단 소유하면 즐거운 것이 사실이다. 하지만 그 즐거움은 어디까지나 순간의 쾌락에 불과하다. 오래 지속되지 않는 게 결정적인 흠이다. 특히, 물질적인 욕망을 나타내는 재산욕은 현대인에게 치명적이다. 불행의 반은 이 재산욕을 다스리지 못해 일어나는 것 같다.

스님의 메시지는 한마디로 '무소유' 정신이다. '무소유'란 아무

것도 가지지 않는다는 뜻이 아니라, 불필요한 것으로부터 얼마나 자유로워져 있는가 하는 것이라 했다. 하나가 필요할 때는 하나만 가져야지, 둘을 갖게 되면 애초의 그 하나마저도 잃게 되기 마련이다.

스님은 가실 때도 무소유로 가셨다. 그 흔한 관도 쓰지 않고 대나무를 엮어서 평소에 입던 가사 장삼을 걸치고, 그 위에 누워서 다비장으로 가셨다. 장엄한 장례식도, 화려한 행장 소개도 없고 깃발도 나부끼지 않았다. 그냥 그대로 아주 소박하게 '불필요한 것으로부터 아주 자유로운 상태'로 한 줌의 재가 되었다. 평소 말과 행동이 그대로 합일되는 경지를 보여주었다.

아, 법정스님 가시는 길은 맑고 향기로운 길이요, 무소유의 길이었다.

(2011. 7.)

낙엽과 자살

가을 소슬 바람에 낙엽이 휘날린다. 마치 형형색색의 나비가 공중에서 묘기비행을 하는 것처럼 빙글빙글 돌다가 거리로 언덕으로 곤두박질친다. 거기에는 일말의 그리움이나 집착이 묻어있지 않다.

성장을 마친 잎사귀는 그렇게 아무 힘없이 떨어지는 것이다. 아니, 힘없이 떨어지는 것이 아니라 가지의 짐을 덜어주는 것일게다. 메마른 가지가 겨울을 나기 위해서는 홀가분해야 한다. 떠나지 않는 잎사귀는 가지에 보탬이 되는 것이 아니라 오히려 짐이 된다.

낙엽은 떨어진다고 하여 낙엽이다. 어떻게 보면 낙엽은 나무에서 떨어져버린 시신의 조각일 수 있다. 굳이 바람에 날리지 않아도 끝까지 버티다가 그냥 아래를 향하여 죽음의 낙하를 감행하는지도 모르겠다. 또 어떻게 보면, 낙엽은 스스로 떨어져 죽는 살신성인의 거룩한 행을 하는지도 모르겠다. 한마디로 '자결'이다. 보다 큰 이익을 위해서 자신을 희생하는 자결 말이다. 스스로 떨어져 나무를 살리기 때문이다.

낙엽을 보며 투신자살을 떠올린다. 자신의 몸을 날려 죽음을 택하는 것이 투신자살이다. 우리나라를 왈칵 뒤집어 놓았던 봉하마을의 부엉이 바위의 비극, 전직 국가원수가 바위 위에서 몸을 던져버린 전대미문의 사건……. 바로 고 노무현 대통령의 죽음이다.

시각에 따라 해석은 양분된다. 하나는, 도덕성에 치명타를 입은 사람으로서 더 이상 욕을 보이고 싶지 않다는 뜻에서 몸을 날려 국민에게 용서를 구하고 순결함을 보이고자 했다는 시각이다. 이는 마치 사대부 집안의 청상과부가 낯선 남정네에게 욕을 보이기 전에 은장도로 자신을 찔러 죽음을 택하는 것과 같다. 또한, 선비가 자기도 모르는 사이에 부정부패나 역모사건에 휘말려 임금에게 누를 끼치게 되었을 때, 스스로 목숨을 버리는 일과 흡사하다. 이렇게 본다면 노무현 대통령의 죽음은 자결에 가깝다.

또 하나는, 그냥 개인적인 자살이라고 보는 시각이다. 집권 기간 중 금품비리 사건에 연루되어 그 조여 오는 수사망이 너무도 고통스럽고 참을 수 없어 마지막 탈출구로서 죽음을 선택했다고 보는 것이다. 이렇게 본다면 노무현 대통령의 죽음은 단순이 투신자살일 뿐이다.

전직 대통령의 죽음 이후 우리 사회는 바야흐로 자살 신드롬에 빠져 있는 것 같다. 잇단 연예인의 자살 사건에 툭하면 떨어져 죽었다는 정치인, 거기다가 앞길이 구만리 같은 청소년의 자살 등은 우리의 마음을 아프게 한다. 계속되는 경기 불황에 생활고를 이겨내지 못해 부모 자식이 동반 자살하는 사건, 노후의 지독한 외로움을 견디지 못해 스스로 목숨을 끊는 노인 자살 등……. 일일이 열거하기 힘들 정도다.

최근에 모 고등학교 선생님이 아파트에서 뛰어내려 목숨을 끊더니 며칠 가지 않아서 초등학교 6학년 어린이가 9층 아파트에서 뛰어내려 목숨을 끊었다는 비보를 접했다. 그 이튿날 또 모 고등학교의 2학년 학생이 학교 옥상에서 뛰어내려 스스로 목숨을 끊었다는 충격적인 비보를 들었다. 모두가 내가 살고 있는 지역에서 일어난 일이다. 알고 보니 선생님은 우울증 때문이고, 학생은 학업성적 때문에 그 아까운 목숨을 내던졌다는 것이다.

경제협력개발기구(OECD)에서 밝힌 자살률을 보면, 세계 회원 국가 중 우리나라가 1위이다. 부끄러운 일이 아닐 수 없다. 이를 어찌하면 좋단 말인가. 가슴이 답답하다.

우리 사회는 자살 우울증에 걸려 있는 것 같다. 우울증으로 인해 자살하는 것도 문제지만 여러 사람이 저렇게 목숨을 쉽게 포기해 버리니 살아 있는 사람도 우울증에 걸릴 것 같다는 말이다. 목숨을 저렇게 쉽게 버리니 생명의 대한 경외심이나 존중의식은 사라지기 쉽다. 아니, 생명존중에 대한 가치관마저 혼돈되기 쉽다. 과연 무엇이 올바른 삶인지 그 도덕적 판단기준이 흔들린다. 힘들면 자살해도 좋다는 무언의 메시지가 은연중에 전도되고 있다.

낙엽으로 돌아가 본다. 사실 낙엽은 떨어져 죽는 것이 아니다. 다시 사는 것이다. 사람들이 아파트에서, 학교 옥상에서, 바위에서 떨어져 스스로 목숨을 버리는 일이 차라리 가을 낙엽이라면 좋겠다. 그것은 다시 사는 일이기 때문이다. 자신을 성장의 잎으로 키운 나무에게 다시 거름이 되어 부활하기 때문이다.

산에 올라가 보라. 아니, 작은 숲 속이라도 들어가 보라. 가을 낙엽이 수북이 쌓여 있다. 그 낙엽들은 겨우내 땅을 얼지 않게 하고 나무의 뿌리를 감싸고 끝내는 썩어서 나무의 거름이 된다. 거름은 다시 나무가 되어 가지가 되고 잎이 되고 꽃이 되고 열매가 된다. 한마디로 순환이다. 악순환이 아니라 선순환이다.

낙엽의 순환을 보면서 불가의 가르침이 떠오른다. 바로 '연기緣起'의 법칙이다. 연기란, "이것이 있으므로 저것이 있고, 이것이 생기므로 저것이 생기며, 따라서 이것이 없으면 저것도 없고, 이것이 사라지면 저것도 사라진다."는 가르침이다. 불가의 가르침에 의하면 모든 것은 이렇게 연관되어 있다. 무엇이든 홀로 일어나는 것이 아니라, 서로 의지해서 일어난다.

낙엽은 불가에서 보면 연기의 시작이다. 낙엽은 떨어진 열매를 포근히 감싸 안는다. 열매는 낙엽에 묻혀 아무리 매서운 서리와 눈도 잘 견디어 낸다. 낙엽이 이불 역할을 해 주기 때문이다. 그리고 끝내는 썩어서 거름이 되고 그 곳에서 싹이 튼다.

이 얼마나 아름다운 연기의 순환인가? 낙엽이 있기에 열매가 살고, 열매가 살기에 싹이 트고, 싹이 트기에 나무가 생긴다. 나무가 성장하기에 가지가 뻗고 잎이 나고 열매가 열린다. 그리하여 낙엽은 영원히 사는 것이다.

자살도 이랬으면 좋겠다. 차라리 낙엽이 되어 떨어지면 좋겠다. 자살은 그야말로 어리석음의 극치다. 연기의 법칙을 너무도 모르는 처사다. 스스로 목숨을 끊는다고 하여 모든 고뇌가 해결되는 것이 아니다. 본인은 목숨을 끊어 현실의 괴로움은 사라질지 모르나 살아남은 자들에게 엄청난 괴로움을 안겨준다. 이 얼마나 큰 죄인가. 이로 인하여 죽은 자는 또 다른 윤회를 한다. 불가에서는 그렇게 본다.

백제가 멸망할 때 낙화암에서 삼천 궁녀가 몸을 날렸다. 얼마 전 부여 고란사에 갔을 때 낙화암을 멀리서 조망하기 위해 유람선을 탔다. 까마득한 절벽에 '적벽赤壁'이라고 선명히 적혀 있다. '붉은 벼랑'이란 뜻이다. 의자왕과 대신, 그리고 충정 어린 삼천궁녀가 한꺼번에 떨어져버렸으니 얼마나 피범벅이 되었을까. 절벽에서 흘러내린 피가 백마강을 온통 피바다로 만들었으리라.

백마강의 삼천궁녀는 단순히 자살은 아닐 것 같다. 가을 낙엽처럼 단연 자결로 보아야 할 것 같다. 그들은 누구의 간섭도 없이 스스로 결정하여 죽었고 끝내는 백제의 혼을 살렸기 때문이다.

(2011. ≪계절문학≫ 봄호)

만파식적

사람이 살면서 뭔가에 푹 빠져 산다는 것은 행복한 일이다. 나는 요즘 대금 공부에 푹 빠져 있다. 걸을 때나 머물 때나 앉을 때나 누울 때나 틈만 나면 대금 생각이다. 대금 소리가 얼마나 좋은지 그에 반하여 정신을 못 차린 적이 있다.

몇 년의 전의 일이다. 소슬바람이 불고 나무에선 빛바랜 잎사귀들이 아름다운 낙하를 준비할 즈음의 어느 날이었다. 국립공원 월악산에 있는 천년고찰 덕주사에서 가을 산사음악회를 한다기에 아내와 함께 갔었다.

월악산 주봉으로부터 푸른 솔잎의 향기를 머금고 덕주계곡으로 부드럽게 미끄러지며 내려오는 바람이 제법 멋들어진 풍취를 자아냈다. 대웅전에 대롱대롱 매달려 있는 고기가 덩실덩실 춤을 추더니 풍경이 울어대고, 가람 가득 걸어놓은 연등 불빛이 황혼 바다의 금색 물결인 양 흘러넘쳤다. 바람은 다시 큰 계곡인 송계 계곡으로 빠져나가면서 뭇 사람들의 온갖 시름을 다 씻어 가는 듯했다. 바람이 불어와 연출하는 산사의 밤 풍경이 여간 내 마음을 흔들어 대는 것이 아니었다.

산사음악회가 무르익으면서 여태까지 듣지 못했던 신비에 가까운 소리가 들렸다. 사회자는 대금 연주라고 했다. 대금이라……. 나는 사실 대금이 뭔지 몰랐다. 단소 정도는 알고 있었어도 대금이 어떻게 생겨먹었는지조차 몰랐다. 무엇으로 만드는지 어떻게 소리를 내는지 전혀 알지 못했다.

조금은 덜 익은 달이 휘영청 떠올라 온 가람을 비추고 풍경은 애잔하게 울고 팔작지붕에 고풍이 흘러넘치는 천년고찰에 대금 소리가 울려 퍼졌다. 사회자가 대금 연주라고 말하지 않았다면, 나는 아마도 소리를 듣고도 무슨 악기의 소리인지 알지 못했을 것이다.

그런데 대금 소리가 그렇게 내 가슴을 헤집는지 몰랐다. 뭐라 할까. 고독한 가슴에 청량한 바람 한 점이 들어와 이리저리 헤매다가 머물 곳을 몰라 그냥 심장을 돌아 빠져나가는 듯한, 그래서 시원하면서도 어딘지 모르게 다시 공허를 자아내는 소리……. 마치 미지의 세계에서 신기루를 만난 것처럼 환희심이 들기도 했다.

아마 한산도에서 충무공 이순신이 수루에 혼자 앉아 들었던 일성호가一聲胡笳가 이랬을까? 일성호가는 '한 곡조의 피리 소리'라는 뜻이다. 이 소리에 창자가 끊어지는 것 같았다니 충무공도 혹시 대금 소리를 들은 것은 아닐까?

대금은 ≪삼국유사≫권2 〈만파식적萬波息笛〉조에 그 유래가 나와 있다. 만파식적이란 말 그대로 '만 가지 파도를 잠재운다.'는 뜻이다. 통일의 대업을 이룬 문무왕의 아들 신문왕이 감은사를 완공하고, 기이한 일을 겪게 되는데 바로 동해에서 용을 영접하게 되는 것이다. 용이 신문왕에게 다가와 대나무 하나를 바쳤다.

이 대나무는 낮에는 둘이 되고 밤에는 하나로 합쳐지는 신기한 것이었다. 신문왕은 하도 기이하여 그 연유를 묻자, 용은 한 손으로 손뼉을 치면 소리가 나지 않고 두 손으로 손뼉을 쳐야 소리가 나는 것처럼, 이 대란 물건도 합한 연후에야 소리가 난다고 했다. 왕께서 소리로써 천하를 다스릴 상서로운 징조이니, 이 대나무를 베어 피리를 만들어 불면 천하가 화평할 것이라고 하였다. 그러면서 용은 왕의 선친 문무왕이 바다의 큰 용이 되고 김유신이 천신이 되어 두 분께서 마음을 같이하여 이 큰 보물을 주시어 자신으로 하여금 갖다 바치게 한 것이라고 하였다.

과연 이 대나무를 베어 피리를 만들어 불게 하니, 적병이 물러가고 질병이 나으며, 가뭄에는 비가 오고 비가 오면 개며, 바람은 가라앉고 파도는 잠잠해졌다. 그래서 이 피리를 '만파식적萬波息笛'

이라 부르고 국보로 삼았다.

이 ≪삼국유사≫ 기록이 바로 대금의 기원이다. 이로 보면 대금의 역사는 꽤나 오래되었다. 적어도 천년 이상은 된 것 같다. 무엇보다 이 대금을 불면 재앙이 사라지고 어려움이 해결되었다니 얼마나 신비로운 물건인가. 종교적인 영역에서나 말할 수 있는 구원의 영험까지 간직한 악기라는 것이다.

내가 이렇게 고고하고 영험 있는 악기와 인연을 맺을 줄이야. 산사음악회에서 대금을 접한 후 늘 그 신비한 소리를 떠올리다가 드디어 대금을 공부하게 된 것이다. 많이 망설였지만 대금 공부를 꽤나 오래 해 온 지인 선생님이 용기를 주어 시작했다. 그런데 이건 소리 내기가 보통 어려운 것이 아니었다. 취구에 입술을 이렇게 댔다가 저렇게 댔다가, 입김을 세게 냈다가 약하게 냈다가 별의별 수를 다 써가며 소리를 내려고 해도 소리가 나지 않았다.

또, 대금은 손가락으로 막아야 하는 구멍이 여섯 개가 있는데, 이걸 막는 것이 장난이 아니다. 취구에 입술을 대고 입김을 불어넣으며 왼손으로 위의 세 구멍을 막고 오른손으로 아래 세 구멍을 막아야 하는데, 그러다 보면 다 각자 놀아버린다. 입김에 신경 쓰면 구멍이 막아지지 않고, 구멍에 신경 쓰면 입김이 나오지 않는다. 거기에다 자세까지 흐트러져 소리 자체가 나지 않는다. 정말 미칠 지경이다.

연주 자세는 기본적으로 바르게 앉아 고개를 약간 왼쪽으로 돌리고 대금은 수평이 되게 하여야 한다. 그래서 대금을 횡적橫笛이라 한다. 단소나 퉁소는 앞으로 하여 불지만, 대금은 옆으로 뉘여 분다. 이러니 대금 불기가 얼마나 어려운 일인가. 몸이 뒤틀리고 구멍은 막아지지 않고 입술 모양이 맞지 않아 입김이 새버린다. 그래서 좀 세게 불면 무슨 풀피리 소리마냥 삑삑거리기도 한다.

대금은 세 가지가 맞아야 한다. 바른 자세와 알맞은 입김, 그리고 정확한 구멍 막기다. 이 중 어느 하나라도 이지러지면 소리가 나지 않는다. 이 세 가지가 맞아 떨어져 소리가 나는 데는 꽤나 오랜 시간이 걸렸다. 중도에 포기하고 싶은 마음이 치밀어 오르기도 하고, 대금을 당장이라도 내동이치고 싶을 때도 있었다. 그럴 때마다 생각했다. 인생은 도전이 아니냐고, 도전하는 삶은 아름다운 것이 아니냐고…….

산다는 것은 내 앞에 놓인 사다리를 오르는 것이다. 뭔가 목표를 향하여 오르는 것이다. 사다리는 누구에게나 앞에 놓여 있다. 그 사다리를 오르느냐 마느냐는 전적으로 자신에게 달려 있다. 사다리는 말하자면 인생의 무한 도전인 셈이다. 살면서 도전할 것이 없다면 얼마나 무미건조하고 불행할 것인가.

대금은 나의 인생 사다리다. 그렇게 하기로 다짐했다. 오르고 또 오르다가 힘이 들면 잠시 쉬어 갈지라도 포기할 생각은 없다. 이제는 그렇다. 대금 공부가 그만큼 매력적이기 때문이다.

대금은 대나무로 만들었기에 그대로 자연이다. 대금을 불 때마다 바람에 서걱대는 푸른 대숲을 떠올린다. 나무도 풀도 아닌 것이 그 추운 겨울에도 존재를 자랑하는 대나무. 쭉 뻗은 댓잎에서 곧음과 부드러움의 향취가 배어 나온다. 올 곧고 꿋꿋한 성인군자의 풍모다.

아침에 일어나면 어김없이 대금을 분다. 조심스럽게 젓대를 깨우며 입김을 불어 넣는다. 눈을 지그시 감고 대금과 조우한다. 그러면서 대숲을 거닌다. 대금은 소리로써 나를 고요하게 한다. 그리고 황홀하게 한다. 바로 만 가지 파도를 잠재우는 만파식적이기 때문이다.

(2011. ≪충북문학≫ 35집)

아파트, 아직도 고민 중

이비인후과에서 주는 목감기 약을 먹었더니 한 시간도 지나지 않아 초저녁잠에 떨어졌다. 한참 이리저리 꿈속을 헤매다가 눈을 떠보니 아직 시침은 밤 10시를 가리키고 있다.

그런데 어디선가 소리가 요란하다. 바로 시내버스 소리다. 내가 사는 아파트는 큰 사거리 길모퉁이에 위치해 있다. 아파트 동에서도 우리 집은 제일 끝에 있다. 게다가 아파트 뒤의 도로가 오르막길이다. 버스는 정확하게 우리 아파트 라인 모퉁이에서 우회전을 한다.

바로 이 우회전이 문제다. 극성스런 버스들이 꼭 우리 아파트를 끼고 우회전을 하는데 그 소리가 장난이 아니다. 오르막길을 오르면서 힘을 주다가 우회전을 하기 위해 잠시 힘을 빼는 건

좋다. 그런데 힘을 보충하기 위해 냅다 엑셀레이터를 밟는지 꼭 비행기 이륙할 때 나는 소리 같다. 한마디로 굉음이다.

한밤 10시쯤 되면 이 소리가 진동을 한다. 아마도 고요한 밤이라서 더욱 그런 것 같다. 마치 깊은 산속에서 내는 소리가 메아리를 치며 울리듯이, 이 버스 소리도 진공 같은 밤에 더욱 제 소리를 내는 것 같다. 우리 아파트에서 좀 떨어진 곳에 시내버스 종점이 있는데 모두 이곳으로 가는 버스들이다. 꼭 밤 10시에서 11시 사이에 몰려든다. 지금 이 글을 쓰는 시간에도 버스들이 연이어 열 대는 지나간 것 같다. 버스들이 끊기고 나면 오토바이 폭주꾼이 나타나 밤공기를 가른다. 그 소리도 만만치 않다.

아파트, 정말 고민이다. 과연 어떤 아파트가 살기 좋은 아파트인지……. 오죽 아파트가 유행이면 유행가 중에 〈아파트〉란 노래가 있을까. 이제까지 아파트를 네 번째 옮겨보았는데 아직 답을 모르겠다.

아파트는 이제 더 이상 투자 개념이 아니라 거주 개념이라고도 하지만 이 양자는 조화를 이루는 것이 마땅하다. 왜냐하면 우리 사회에서 아파트는 부동산으로서 중요한 가치를 가지고 있기 때문이다. 아파트도 부동산이라서 이것이 거품을 물기도 하고 거품을 빼기도 한다. 그런데 늘 보면 거품을 문다. 어디선가는 거품이 빠진다는데 그건 너무 오른 나머지 위의 거품이 살짝 빠지는 것이고, 대부분의 거품은 그대로 있다. 일단 사 놓으면 거의 몇 천,

몇 억이 오른다. 그러니 이것만큼 돈 벌기가 쉬운 게 없다. 물론 물가가 오르기 때문에 그렇다고 하지만 시중 물가는 아파트 상승률에 비하면 털끝에 지나지 않는다. 그래서 아파트를 살 때 거주만 생각할 것이 아니라 투자도 생각해야 하다는 논리가 틀리지 않은 것이다.

아파트는 우리나라가 산업화 되면서 인구의 도시 집중화로 자연스럽게 생겨난 신개념의 주거양식이다. 그 많은 도시 인구를 수용하자니 규격화시켜 층수를 올리는 것이 탁견이었던 것이다. 아파트 설계도 진화를 거듭하여 오늘날에는 일급 호텔 뺨 칠만큼 외관과 내부 인테리어가 뛰어나다.

나는 아파트를 살 때 몇 가지 기준을 생각한다. 제일 먼저 햇빛이 잘 드는가를 따진다. 이것은 두 번째 아파트에 살 때 얻은 뼈저린 교훈 덕분이다. 바로 옆 동의 동향 아파트 때문에 우리 집에는 낮 12시가 지나서야 햇빛이 들어왔다. 특히 겨울에는 정말 싫었다. 옆 동이 햇빛을 다 가리니 춥고 마음까지 우울해졌다. 만일 높은 층에 살았으면 좀 나았을 텐데 겨우 4층에 살았으니 더욱 그랬다.

그래서 나는 이때부터 아파트를 살 때 무슨 일이 일이 있어도 아침부터 햇빛이 드는 것을 첫 번째로 고려하기로 결심했다. 그리고 나는 아파트 건설업체를 향해 무언의 경고를 했다. 햇빛을 가리는 동향 아파트는 제발 짓지 말라고…….

다음으로 아파트를 살 때 고려하는 것은 조망이다. 얼마나 앞뒤로 트여 있느냐 하는 것이다. 파란 하늘이 보이고 멀리 힐긋힐긋 산자락이라도 한 줌 보인다면 그야말로 금상첨화인 것이다. 햇빛 잘 들고 조망까지 확보하는 것은 여간 어려운 일이 아니다. 몇날 며칠을 하루 종일 발품을 팔아야 한다.

나는 직장 생활을 하고 아내는 집에 있으니 이것은 아내의 몫이다. 아내는 이것을 꽤나 즐겨한다. 시내 아파트를 다 다니면서 오밀조밀 살펴본다. 그리고는 나에게 분석 결과를 설명한다. 그러다보니 아내는 이제 아파트 전문가가 된 것 같다. 아파트 외관부터 내부 인테리어, 부동산 전문가의 평가, 지역주민의 입소문까지 속속들이 알아서 정보를 비축해 두고 있으니 말이다.

다음으로, 아파트를 살 때 고려하는 것이 투자이다. 나도 생활인이니 아파트 팔 때를 염두에 두지 않을 수 없다. 나중에 또다시 아파트를 옮겨야 할 때 가격이 떨어져 있다면 여간 낭패가 아니다. 대출을 받고 샀는데 오히려 가격이 떨어진다면 이건 보통 문제가 아니다. 그러니 가능하면 가격 하락 가능성이 희박한 브랜드 아파트를 사는 것이다.

마지막으로 고려하는 것이 있다면 교통이다. 아이들이 다 커서 통학 문제는 없지만 아내가 시내라도 나갈 양이면 시내버스를 타야 한다. 아내는 차가 없으니 시내버스가 발이다. 그러니 교통을 고려하지 않을 수 없다.

이상 네 가지 기준, 즉 햇빛과 조망, 투자, 교통은 따지고 보면 모두 거주와 투자 개념을 다 아우른 것이다. 문제는 하나가 좋으면, 다른 하나가 좋지 않다는 것이다. 세상은 참으로 공평하여 완벽한 것이 없다. 손바닥의 앞면과 뒷면이 있듯이 꼭 양면이 공존한다.

바로, 지금 내가 사는 아파트이다. 그렇게 몇날 며칠을 발품 팔아 고른 것인데 살다 보니 불편한 것이 속속 드러난다. 그중 첫째가 바로 소음 문제다. 여름에는 정말 가관이다. 문을 열어 놓으면 시내버스 지나가는 소리가 앞뒤를 때리며 들려온다. 그냥 좋은 소리로 들으면 괜찮은데 심기가 불편할 때는 그 소리도 짜증이 난다. 밤에는 더하다. 둘째는 제일 끝집이라서 겨울에는 역시 더 춥다는 것이다. 요즘 짓는 아파트는 끝집이라도 춥지 않다고 들었는데 그것은 잘못된 정보인 것 같다.

이것은 순전히 햇빛과 조망, 교통을 선택한 것에 대한 반대급부이다. 모두가 다 좋을 수 없다는 이치, 즉 하나를 얻으면 다른 하나는 잃어야 한다는 겸허의 자세를 깨닫게 해 준다. 그리고 세상은 참 공평하다는 것을 다시금 알게 해 준다.

아파트에서 살 것이냐, 일반 주택에서 살 것이냐 하는 질문은 나이를 먹어가면서 늘 챙기는 화두 같은 것이다. 사는 곳을 정하는 것은 중차대한 문제이다. 나이를 먹으면 아파트가 더 편하다고 한다. 주택은 관리상의 문제 때문에 오히려 불편하다고 한다.

그래서 더 고민이다. 어떨 때는 차 소리 들리지 않고 조용히 새 소리 울려 퍼지는 전원주택에서 살고 싶은 마음이 굴뚝같이 떠오를 때가 있다. 바로 요즘 같은 때이다. 더워서 문을 열어 놓아야 하는 여름 같을 때 말이다.

아파트, 나는 아직도 고민 중이다. 햇빛도 들고, 조망도 있고, 투자도 되고, 교통도 좋으면서, 동시에 소음은 적고 겨울에는 따뜻한 아파트가 과연 있을까? 만일 그런 아파트를 찾는다면, 나는 더 이상 전원주택은 꿈꾸지 않을 것 같다.

(2011. 6.)

어머니 가시던 날

닭똥 같은 눈물이 하염없이 흘러내렸다. 아버지 돌아가셨을 때도 이렇게 울지는 않았다. 남자가 세상에 태어나 세 번 운다고 하는데 그중 하나가 부모님을 잃었을 때이다. 하늘이 무너지고 땅이 꺼지는 듯 슬픔의 진액이 목 줄기를 타고 올라, 급기야는 정수리로 솟구쳐 콧물 반 눈물 반이 되어 쏟아져 내렸다.

6월의 산은 이른 아침 햇살에 점점 푸른빛을 토해 내는데 길가에 씀바귀는 제멋대로 뻗어있고, 망초는 꽃망울을 터뜨린 채 하늘거린다. 감꽃은 떨어져 발에 채이고, 무심한 산딸기는 줄기마다 주렁주렁 붉은 몸을 자랑한다.

어머니는 이렇게 6월의 산빛을 받으며 아버지 곁으로 가셨다. 살아오신 일흔일곱여 성상 어느 하루도 편한 날이 없었던 어머니, 제대로 된 효도 한번 받아보지 못하고 혼자 외로운 날을 더 많이 보내야 했던 가련한 나의 어머니이시다.

6개월 전, 어머니는 갑자기 십이지장암 선고를 받으셨다. 내가 유럽해외 연수를 마치고 돌아오니 이미 어머니는 수술 준비를 하고 계셨다. 이런 청천벽력이 어디 있단 말인가. 십이지장암은 그리 흔한 암도 아니라는데 왜 하필이면 어머니에게 그런 무시무시한 병이 왔다는 말인가. 늘 생각하기에 어머니는 잔병이 없으셔서 팔순은 당연히 넘길 것이고 아주 오래 사실 줄 알았다.

어머니는 자식들이 있는데도 혼자 살기를 원했다. 혼자 사는 것이 편하다고 했다. 처음에는 손자들과 살았지만, 손자들이 나가니 덩그러니 혼자가 되었다. 마음 같아서는 고향 시골에 가서 동네 어른들과 어울리며 여생을 보냈으면 하는 바람을 가져보았지만, 어느 자식도 그 의지를 꺾을 수는 없었다. 아니, 그 어느 자식도 어머니를 온전히 모시고 싶은 마음이 없었던 것이 더 옳은 표현일지 모른다. 어머니를 그렇게 혼자 두는 것이 아니었다. 후회막급이다. 자식이 많으면 무슨 소용이 있단 말인가. 진정한 효자가 없는 것을…….

돌아가시기 6개월 전, 어머니는 소화가 되지 않아 소화제만 드시다가 더욱 심각해지니까 그제야 병원을 찾았다. 때는 이미 늦어버린 후였다. 일주일에 한번 꼴로 어머니를 찾아뵈었지만 누구 하나 어머니가 그렇게 중대한 병에 걸려 있다는 것을 알지 못했다. 참으로 통탄할 일이다. 어머니는 아마도 자식들이 걱정할까 봐 말을 하지 않은 건지, 아니면 당신 스스로 별스럽게 생각하지 않은 것인지 알 수가 없다.

어쨌든, 어머니는 바로 병원에 입원하셨고 12시간이 넘는 대수술을 감내하셔야 했다. 시간이 되었는데도 어머니가 수술실에서 나오지 않자 얼마나 마음을 졸였는지 모른다. 어머니는 초죽음이 되어 수술실에서 나왔고 고통을 호소하기 시작했다. 얼마나 아픈지 막 소리를 지르며 어쩔 줄 몰라 했다. 자식으로서 차마 볼 수 없는 광경이었다. 이런 줄 알았으면 괜히 수술을 했다고 하면서 후회를 하기도 했다.

수술을 하고 난 후, 어머니는 식사를 하기 시작했다. 의사의 말이 딱 들어맞았다. 수술하기 전 의사는 십이지장을 떼어내면 식사는 할 수 있다고 했다. 그래서 수술을 권유한 것이고 자식들도 동의한 것이었다. 그런데 문제는 이미 암이 다른 장기로 전이되어 있다고 했다. 그것도 많이……. 의사의 소견으로는 6개월을 넘기지 못할 것이라고 예고했다.

아니나 다를까, 어머니는 시간이 흘러가면서 점점 눈에 황달이 오고 발이 붓기 시작했다. 그러더니 배도 붓고 손도 붓기 시작했다. 암세포가 간으로 번져가면서 그런 현상이 오는 것이라고 했다. 볼 때마다 어쩔 수 없는 운명이구나 하는 말을 수없이 되뇌었다. 자식으로서 해 줄 수 있는 것이 아무 것도 없다는 것을 깨닫는 순간, 마치 은산철벽을 만난 것처럼 앞이 캄캄했다.

어머니는 시나브로 변해가고 있었다. 나를 길러주시고 얼러주시며, 때로는 혼내기도 하고 웃으시던 모습은 사라지고, 마치 저승사자가 곧 들이닥쳐 모셔갈 것 같은 그런 상황으로 치달았다. 안방에서 주방까지 채 5미터가 되지 않는데 그 거리조차 엉금엉금 기어 나와야 했다. 밥을 안방까지 갖다 드려도 되는데 일부러 조금이라도 움직여야겠다고 하시면서 기어 나오셨다.

어머니는 우리 집에서 한동안, 누님 집에서 한동안 계시다가, 결국 마지막은 어머니가 시집와서 땅 일구고 밭 매어 오남매 자식 길러낸 시골에서 운명하셨다. 시골은 나의 고향이면서 어머니가 일평생 시집살이를 한 곳이다. 어머니는 시집살이한 시골집을 그렇게 싫어하셨다. 그 엄청난 농사일이 얼마나 힘드셨는지 내가 이 나이에도 일을 해야 하냐고 하면서 도시에서 살고 싶다고 하셨다.

어머니는 사실 내 자식 길러주시기 위해 시골에서 도시로 나오셨다. 내 딸과 아들은 어머니의 손에서 자랐다. 덕분에 꽤나 어머니와 함께 산 셈이다. 그때는 우리가 어머니를 모신 것이 아니라, 어머니가 우리를 모신 것이라야 옳다. 그 중요한 자식을 봐 주었으니 말이다. 중간에 아내가 직장을 그만두면서 어머니는 더 이상 우리와 같이 살지 못했다.

이제와 어머니에 대한 회한을 말하면 무슨 소용이 있겠는가.

이미 어머니는 이 세상 분이 아니신 것을……. 임종하시던 마지막날 이 자식은 태연하게도 어디론가 가고 있었다. 어머니가 위태롭다는 소식을 듣고 급히 핸들을 돌렸지만 어머니는 이미 의식을 잃은 상태였다. 내가 가서 불러도 알아보지도 못하고 숨만 몰아쉬고 계셨다. 119를 불러 급히 병원으로 모셨지만 의사는 오늘 밤을 못 넘길 것이라고 했다. 이런 청천벽력이 있나. 바로 엊그제 시골에 가서 목욕을 시켜드렸는데 이게 무슨 날벼락이란 말인가. 그렇게 사람의 목숨이 쉽게 꺼지는 것이란 말인가.

나는 응급실에서 숨을 몰아쉬는 어머니의 손을 부여잡고 하염없이 눈물을 흘렸다. 속으로는 열심히 기도를 했다. 제발 고통을 덜하면서 좋은 곳으로 가시기를 빌었다. 허망하기 짝이 없는 이 육신을 버리고 아주 좋은 곳으로 가시기를 간절히 빌었다. 그 기도는 1인실 병실로 옮겨가서도 계속했다.

육신이란 영혼이 잠시 머물러 사는 집과 같은 것이라고 했다. 집이 허물어지고 비가 새어 더 이상 머물 수 없다면 과감히 버리고 떠나야 한다. 흙과 물, 그리고 불과 바람, 이 사대 요소로 이루어진 육신은 본래 영혼을 담기 위해 잠시 가화합假和合된 존재다. 인연이 되면 모이고, 다하면 흩어지는 법이다. 뼈와 살은 흙으로, 피와 눈물은 물로, 더운 기운은 불로, 숨은 바람으로 변해 각각 제자리로 돌아가는 것이다. 그래서 사람이 죽으면 '돌아간다.'고 하는 것이리라. 대자연의 품으로 돌아가 안기는 것이리라.

이렇게 보면 죽음은 더 이상 슬픔의 극치가 아니다. 오히려 죽음을 즐겁게 맞이할 일이다. 어머니는 숨을 크게 한번 몰아쉬더니 영원히 눈을 감으셨다. 응급실에 오신 지 네 시간이 지나 자정 십칠 분에 영면에 드셨다.

어머니 가시던 날, 그렇게 허황할 수가 없었다. 종교에 귀의하면서 진리를 배웠지만 아무 소용이 없었다. 두렵고 떨려서 견딜 수가 없었다. 어머니의 죽음이 결국 훗날 나의 일이기도 하다는 절절한 실체가 앞에 나타나서일까.

(2011. 6.)

4부

아주 기쁘거나 슬플 때

가을 알레르기

나는 가을이 달갑지 않다. 알레르기가 어김없이 찾아오기 때문이다. 몇 년 전에 수술을 했는데도 소용이 없다. 환절기의 불청객이라 할까, 어차피 견디어야 할 고난이라 할까, 그것도 아니면 건강의 신호를 알려주는 계절의 사자使者라 할까. 여러 가지 의미를 부여해 보지만 여간 힘든 게 아니다.

이불 속에서 나와도 재채기, 샤워를 하고 나와도 재채기, 밖에 있다가 집에 들어와도 재채기, 발바닥이 차가워도 재채기, 코가 간지럽다고 생각만 해도 재채기, 싫은 냄새를 맡아도 재채기……. 열거하자면 끝도 없다. 재채기 후에 쏟아지는 콧물, 그것도 맑은 콧물을 주체할 수가 없다. 영락없는 알레르기성 비염이다.

하루 중 알레르기가 가장 요동을 치는 때는 아침이다. 크리넥스 휴지통에서 휴지를 빼느라 여념이 없다. 아침 찬바람이 코로 들어가면서 재채기와 동시에 콧물이 줄줄 흐른다. 혹시 잠에서 깨어나지 않은 아내에게 방해나 주지 않을까 하여 살살 풀어보지만, 시원하지가 않아 힘을 주다 보면 삐익 하는 풀피리 소리가 난다. 그러면서 코의 염증은 더해 간다. 마치 코에 벌레가 스멀스멀 기어가는 듯 간지럽기도 하고, 아까시나무 가시가 콕콕 찌르는 듯 코 안이 따끔거리기도 한다.

더 답답한 것은 코가 막히는 것이다. 주로 저녁에 잘 막힌다. 그래도 한쪽 코가 막히면 다른 한쪽으로 숨을 쉴 수 있지만, 두 쪽 다 막히면 이건 장난이 아니다. 여지없이 입으로 숨을 쉬어야 한다. 원래 호흡이라는 것이 생체 원리상 코로 쉬도록 되어 있다. 입은 가능하면 닫고, 코로 들이쉬고 내쉬어야 깊은 호흡도 할 수 있고 마음의 평정도 얻을 수 있다.

두 코가 다 막혀 입으로 숨을 쉬노라면 이건 죽을상이다. 가슴이 답답해지면서 머리가 띵해지고 만사가 귀찮아진다. 이렇게 되면 무조건 자리에 눕는다. 머리를 뒤로 하고 코 호흡을 시도해 본다. 어느 순간 한쪽 코가 뚫린다. 다른 한쪽의 코까지 뚫리게 하기 위해 눕는 자세를 바꾸어 본다. 왼쪽 코가 막히면 오른쪽 모로 눕고, 오른쪽 코가 막히면 왼쪽 모로 눕는다.

알레르기성 질환! 알려진 바에 의하면 우리나라 국민 열 명 당 네 명꼴이 이 병에 걸려 있다고 한다. 내 자신도 이 네 명에 포함

되어 있는 것이다. 그렇다고 본다면 이건 국민적 질병이다. 도대체 알레르기란 무얼까? 무엇이기에 이토록 나를 괴롭게 하는 것일까? 하필이면 그 많은 기관 중에 코에 알레르기 반응이 오는 걸까?

알레르기allergy란 항원항체 반응에 의하여 생체 내에 생기는 급격한 반응 능력의 변화라고 한다. 종류도 참 많다. 알레르기성 비염, 알레르기성 기관지염, 알레르기성 설사, 알레르기성 구내염, 알레르기성 결막염, 두드러기 등……. 이 중 나는 알레르기성 비염에 걸려 있다. 항원은 주로 먼지, 진드기, 꽃가루, 동물의 털 등으로 알려져 있지만, 정확하지는 않다. 다만 의학계에서는 알레르기는 환경적인 원인으로 생기는 병이라고 추정하고 있다. 이를테면, 문명의 이기利器가 만들어낸 공해, 자동차의 매연 등과 같은 환경오염이나 환경적 변화가 주된 원인이라는 것이다.

나는 환절기만 되면 이 알레르기와 싸운다. 가을이 깊어가는 지금 나는 이 알레르기성 비염과 처절한 전투를 벌이고 있다. 꼭 이겨내기를 바라면서 여러 가지 전략을 구사해 보지만 진전이 없다. 싸움에 지쳐 지난날의 삶을 후회하기도 하고, 의학 수준을 질타해 보기도 하고, 더 지치면 원래 사는 것이 고통이 아니냐고 자위해 버리곤 한다. 그러다가 결국은 모든 화살을 나 자신에게로 돌린다. 모든 것이 스스로 만든 과보果報라는 사실을 문득 깨닫기 때문이다.

언젠가 나는 심한 코감기를 앓은 적이 있다. 감기쯤은 병으로 여기지 않아 약도 먹지 않은 채 그냥 내버려 둔 것이 화근이었다. 그때 하도 코를 풀어 코 안이 많이 헐어 있었다. 아마도 나의 비염은 그때부터 시작되지 않았나 생각된다. 그러니 병은 내 스스로 키운 것이다. 이제 와서 누구를 원망하랴.

옛 성인이 말씀하시길, "몸에 병 없기를 바라지 말라. 몸에 병이 없으면 탐욕이 생기기 쉽나니, 병고로써 양약良藥을 삼으라." 고 했다. 몸에 병 없기를 바라지 말라니! 이런 역설이 어디에 있는가. 누구나 병 없기를 바라는 것은 인지상정이 아닌가. 누구나 이 세상에 태어나서 병이 없다가 죽기를 바란다. 그런데 병과 고통으로써 좋은 약을 삼으라니. 그래야 탐욕이 생기지 않는다니!

사실 세상의 모든 문제는 탐욕 때문에 빚어진다. 조금만 가져도 될 것을 더 많이 가지려 하고, 능력이 되지 않으면서 높은 자리에 오르려 하고, 한번 오르면 내려오지를 않으려 하고, 어느 정도 일하고 쉬어야 하는데 좀 더 벌어볼 것이라고 밤늦도록 일한다.

어디 그뿐인가. 더 많이 먹으려고 하는 욕심, 좀 더 오래 잠에 취해보고 싶은 욕심, 한 잔만 먹어도 되는데 취할 때까지 먹어야 직성이 풀리는 술 욕심, 많은 일 중에 한두 가지는 덜거나 나중에 해도 되는데 기어코 한꺼번에 하려고 하는 욕심……. 이런 것들이 결국은 병을 부른다. 병이 나게 되면 사람들은 겸손해진다. 그리고 자신의 삶을 뒤돌아본다.

나는 마음을 바꾸기로 했다. 알레르기를 환절기 입문이라 생각하기로 했다. 항원의 공격에 대하여 항체의 반응 능력이 환절기가 되어 급격히 떨어지는 것은, 어쩌면 내 몸의 면역체계와 관련 있을 지도 모른다. 작년에는 비염이 그렇게 심하지 않았는데 올해 유난히 심한 것을 보면 그동안 몸을 돌보지 않은 결과이리라. 그 대가를 반드시 치러야 하는 것이다.

또한 계절의 변화에 그냥 무임승차해서야 되겠는가. 가을은 특히 그렇다. 가을은 겨울로 가는 길목이기 때문에 더욱 그렇다. 갑자기 추워지는 것이 아니라, 추웠다 더웠다 하면서 겨울 준비를 해주는 계절이기에 오히려 고마워해야 할 일이다. 좀 코가 불편하다고 하여 가을을 탓할 일이 아니다.

환절기에 겪는 몸의 반응 능력의 변화가 생로병사의 변화보다 더하랴. 태어나서 늙고 병들고 죽는 것이야말로 가장 뚜렷하고 거역할 수 없는 반응 능력의 변화일 것이다. 그중에서 병들어 죽는 것은 인생 최대의 변화이리라.

하물며, 알레르기성 비염을 걱정하겠는가. 가을 환절기의 깜짝 이벤트요, 잠깐의 입문식이리라. 그리고 더욱더 건강을 챙기라는 고마운 신호이리라. 가을 알레르기, 어쩌면 건강의 좋은 경책警策이요 스승일지 모른다.

(2012. ≪충북문학≫ 第36집)

길

사람이 사는 곳이면 어디에나 길이 있다. 사람은 길을 만들고 길은 사람을 만든다. 사람이 없다면 길은 없을 것이고, 길이 없다면 사람도 없을 것이다. 그러니 사람이 곧 길이요 길이 곧 사람이라 할 수 있다.

길은 수없이 많다. 오솔길이 있는가 하면 포장길이 있고, 오르막길이 있는가 하면 내리막길이 있다. 막다른길이 있는가 하면 갈림길이 있고, 산길이 있는가 하면 들길이 있다. 이런 길은 대개 사람이 만든 길로 뚜렷한 형체가 있다.

그런데 형체가 없는 길도 있다. 가령, 고생길이나 출세길, 사는 길이나 죽는 길, 자식의 길이나 부모의 길, 제자의 길이나 스승의 길, 범부의 길이나 성현의 길 등이 그것이다. 이 길도 분명 길은 길인데 뚜렷이 그려낼 수가 없다. 한마디로 형체가 없는 인생길이다. 이런 길은 대개 사람이 만든 길이 아니라, 사람을 만드는 길이다.

인생을 흔히 길에 비유한다. 사람 사는 것이 마치 길과 같기 때문이다. 사람이 어렵게 살면 가시밭길이나 막다른 길을 간다고 하고, 쉽게 살면 평탄한 길이나 쭉 뻗은 길을 간다고 한다. 힘든 길은 고생길이라 하고, 평탄하고 좋은 길은 출세길이라 한다. 누구나 고생길은 마다하고 출세길을 좋아한다.

나는 인생길을 다섯 가지로 나누기를 좋아한다.

첫째는 매사신중의 길이다. 이 길을 가는 사람은 매사를 조심하며 돌다리도 두드려 보고 건너는 사람이다. 어디를 가다가 아무리 좋은 곳이 있어도 의심스럽다거나 자신이 없으면 가지 않는다.

둘째는 중도의 길이다. 남에게 손해를 주지 않으면서 동시에 자기도 손해를 보지 않으려는 사람이 가는 길이다. 이런 사람은 어디를 가다가 좋은 곳이 있으면 반드시 구경하거나 들러야 직성이 풀린다. 그렇다고 좋은 것에 집착하여 남에게 손해를 입히거나 자신을 그르치지 않는다.

셋째는 모험의 길이다. 자신이 좀 손해를 보거나 위험이 닥쳐도, 하고 싶은 것은 해야 마음이 후련한 사람이 가는 길이다. 예를 들어, 좋은 구경을 하다가 관광버스 타는 시간에 늦어 벌금을 내는 한이 있어도 볼 것은 다 보고야 마는 사람이 이에 속한다. 이런 사람은 적절히 모험을 즐길 줄 알아야 성공할 수 있다고 믿는다.

넷째는 위험천만의 길이다. 말 그대로 유혹에 빠져 본래의 목적조차 잊어버리는 사람이 가는 길이다. 가령, 카지노나 경마 오락에 빠져 잃어버린 돈을 복구하거나 더 따려다 집에 가는 것조차 잊어버리는 경우가 이에 속한다.

마지막으로 패가망신의 길이다. 유혹에서 끝내 벗어나지 못해 집안을 망하게 하고, 결국에는 자신까지 망치는 그런 사람이 가는 길이다. 이 길은 아무리 용을 써도 원점으로 돌아올 수 없는 막다른 길이다.

사람 중에는 쉽고 편안한 길만을 좋아하는 사람이 있다. 이런 사람은 자칫하면 위험천만이나 패가망신의 길을 갈 수 있다. 쉽게 인생을 살려다가 오히려 위험에 빠질 수 있기 때문이다. 반면, 어렵고 힘들더라도 바른 길로 가려는 사람이 있다. 이런 사람은 신중한데다가 중도의 자세를 취하며 때로는 모험을 즐기기도 한다.

하지만 인생길이 어디 딱 정해진 길이 있는가. 만일 그렇다면 얼마나 좋겠는가. 한 치 앞을 못 내다보는 것이 우리네 인생살이다. 오르막길이 있으면 내리막길이 있고, 평탄한 길이 있으면 비탈길이 있는 법이다. 때로는 가다가 가시밭길이 떡 버티고 있어 그곳을 헤쳐 나오는데도 꽤나 오랜 시간이 걸린다. 달리 말하면, 매사신중의 길을 걷다가 모험의 길에 들어서기도 하고, 중도의 길을 걷다가 자신도 모르게 위험천만의 길, 패가망신의 길에 빠지기도 한다.

언젠가 혼자 등산을 하다가 길을 잃어버린 적이 있다. 오르막길로 숨을 헐떡이며 정상까지 올라와 이제는 능선을 따라 한참을 걷다가 내리막길로 가는 중이었다. 조금을 더 내려오니 어디에도 길은 없고 가시덤불만이 앞을 가리었다. 가시밭을 헤쳐서 잠시 빠져나오니 설상가상으로 널따란 미끄럼 바위가 앞에 놓여 있었다. 언뜻 보니 그 밑에는 천길 낭떠러지가 펼쳐져 있었다. 한마디로 오도 가도 못하는 딱한 신세가 되어버렸다.

나는 그때 잘못된 길로 들어선 것에 대하여 혹독한 대가를 치러야 했다. 등에서 식은땀이 흐르고 순간 불길한 생각까지 들었다. 다시 정상 쪽으로 올라가는데도 꽤나 오랜 시간이 걸렸다. 그러면서 얼마나 다짐했는지 모른다. 매사신중의 길을 가겠노라고 말이다.

인생길은 어떻게 보면 산길을 걷는 것 같다. 어렸을 때는 어른이 되기 위해 무작정 위만 쳐다보고 걷다가, 어른이 되어서 정상 위를 한참 걷다가 이제는 나이가 들어서 내리막길을 찾는다. 그런데 이 내리막길이 장난이 아니다. 올라올 때보다도 더 힘이 든다. 다리에 힘이 쭉 빠지고, 그로 인해 미끄러지기도 하고 연골에 이상이 생기기도 한다. 내려올 때일수록 브레이크를 잘 걸어야 하는데 이것이 뜻대로 안 되니 더욱 문제다. 매사신중의 길은 인생의 내리막길에서 더욱 빛날 것 같다.

인생길 중에 가장 어려운 길은 뭐니 해도 성현의 길인 것 같다. 도를 닦는다고 할 때 도道가 '길'이라는 뜻은 다 아는 사실이다. 성현들이 '도道'에 대하여 말한다고 할 때 결국은 '길'을 말하는 것이고, 이 길은 당연히 인생길을 뜻할 것이다. 예를 들어, 공자는 군자의 길을, 석가는 부처의 길을 최상의 길로 제시했다. 이 두 성인에게 인생길을 묻는다면 즉석에서 군자의 길과 부처의 길을 설파할 것이다. 군자나 부처는 깨달음을 이룬 성현이기 때문이다.

깨달음이란 무얼까? 나는 어두움이 밝음으로 전환되는 것을 깨달음이라고 생각한다. 어둠의 길에서 밝은 길로 나오는 것, 이 자체가 깨달음이라고 본다. 어두운 방에 있으면 아무것도 볼 수 없다. 문을 박차고 밝은 곳으로 나올 때 만물을 볼 수 있다. 캄캄한 밤에는 무엇이 있는지 알 수 없다. 그러나 새벽에 동이 터오면 존재의 실상이 남김없이 드러난다.

마음속에 지나친 욕심이나 화가 꽈리를 틀고 있다면 이것은 어둠이다. 그러나 인자함과 자비로움으로 가득 차 있다면 이것은 밝음이다. 어둠에서 밝음으로 나아가는 것, 이것이 바로 깨달음이 아닐까 싶다. 위험천만의 길을 걷다가 다시 매사신중의 길로 돌아선다거나, 부모로서 또는 스승으로서 자신의 도리를 밝게 알아 열심히 행한다면 이것은 깨달음의 좋은 예이다.

그런데 성현의 길로 나아가는 것은 무척이나 어렵다. 저마다 살아오면서 쳐 놓은 장막이 두터워 깨닫기가 쉽지 않기 때문이다. 바깥세상을 한 번도 보지 못한 채 동굴 안에 갇혀 있는 사람은 동굴 안이 전부인 줄 안다. 어둠 뒤에 밝음이 있다는 것을 깨닫지 못한다. 사람도 마찬가지다. 오르막길이 있으면 내리막길이 있다는 것을 한참 후에나 깨닫는다.

길은 무수히 많다. 형체가 있는 길이 있고 없는 길이 있다. 중요한 것은 형체가 없는 길이다. 이 길은 사람을 만드는 지고한 인생길이다. 부모의 길로 가면 부모가 되고, 스승의 길로 가면 스승이 된다. 마찬가지로 성현의 길로 가다 보면 언젠가 성현이 될 것이다.

(2012. 2.)

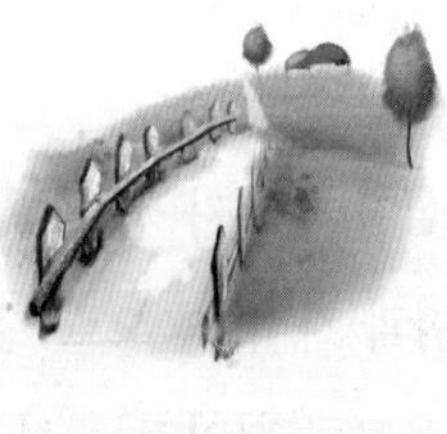

벌초를 하며

내 고향 가을의 벌초 행렬은 대단하다. 양 어깨에 예초기를 메고 손에는 영락없이 낫이나 갈퀴가 들려 있다. 아침부터 비가 추적추적 내리는데도 아랑곳하지 않는다. 모두가 조상 산소를 향하고 있는 것이다.

네 개의 높고 낮은 산맥이 마을을 향해 휘달려 내려오다가 잠시 숨을 고른 듯한 야트막한 비탈엔 크고 작은 산소가 즐비하다. 적게는 서너 개, 많게는 열 개가 넘는 곳도 있다. 어떤 곳은 비탈밭을 온통 산소로 쓴 곳도 있다. 이런 산소는 대개 관리가 잘되고 있는 축에 속한다. 어떤 산소는 잡풀이 우거져서 봉분이 있는지 없는지조차도 분간이 되지 않는 곳도 있다. 이런 산소는 일년에 딱 한 번 손을 보는 산소임에 틀림없다.

길 가까운 곳에 나 있는 산소는 벌초에 별 문제가 없다. 웬만하면 찻길이 닿기 때문이다. 문제는 산 중턱이나 아예 정상 가까운 곳에 산소를 쓴 경우이다. 그 무거운 예초기를 메고 바람비를 맞아가며 산을 오르는 것은 그야말로 눈물겨운 효도의 여정이라 아니할 수 없다.

아무리 조상을 섬겨야 하는 것이 정언명령이라 한들 요즘 세상에 그리하기는 쉬운 일은 아닌 듯싶다. 그런 자손들을 보면 고개가 저절로 숙여진다. 그 옛날 조상들께서 좌청룡 우백호 명당자리를 찾다가 어느 결에 산 정상까지 올랐을 것이다. 그 명당자리로 말미암아 자손들이 잘되었다면 그까짓 발걸음이야 웃으면서 오를 수 있다고 생각할지 모른다.

다행히 내 조상 산소는 그리 멀지 않은 곳에 있다. 고향 마을을 두고 정반대로 떨어져 있는 것이 흠이지만 차를 타고 가서 조금만 올라가면 된다. 할머니와 아버지는 마을 앞산 한곳에 계시고, 할아버지는 정반대 편인 뒷산에 계신다. 벌초는 단연 할아버지를 먼저하고, 할머니와 부모님은 나중에 한다.

벌초를 하러 가는 것은 산소 가는 길을 다시 내는 것과 다르지 않다. 일 년 만에 가는 길이니 아예 길이 없어져 버렸기 때문이다. 그동안 익혀 두었던 길을 짐작하여 무성한 풀과 나뭇가지를 낫으로 자르고 베어버리면서 조심조심 산길을 오른다. 어쩌다 독뱀이나 벌집을 만나면 큰일이다. 실제로 벌초를 하러 가다가 다

치거나 목숨까지 잃은 사람이 어디 한둘인가. 그쯤 되면 조상을 위한다는 것이 오히려 자손을 망치는 꼴이 된다.

그렇게 산길을 찾아 만들어가며 산소에 오르면 입이 딱 벌어진다. 일 년 새에 이리도 풀이 많이 자랐을까. 봉분까지 뻗어 올라온 칡넝쿨이며 세어버려 먹지도 못할 고사리, 어린 찔레나무, 방울 참나무 무더기까지 온통 산소를 뒤덮고 있다. 잔디는 온 데 간 데 없고 잡풀만 무성하다. 어디 그뿐인가. 봉분은 군데군데 산짐승이 팠는지 아니면 태풍 비바람에 허물어졌는지 여기저기 상처투성이로 볼썽사납기 그지없다.

망연자실하여 무덤 옆에 잠시 앉아 상념에 젖는다. 사실 나는 할아버지의 얼굴을 본 적이 없다. 세살 때 돌아가셨다고 하니 기억에 있을 리 만무하다. 그저 할아버지 무덤이라는 이유 하나만으로 매년 이곳을 찾아 벌초를 하는 것이다. 그러면 이 일을 언제까지 해야 하나. 내 자식 대에서도 과연 이 일을 이어갈까…….

파묘破墓한 것을 본 적이 있다. 관은 온 데 간 데 없고 텅 빈 해골과 몇 개의 뼈 무더기가 나올 뿐이다. 어떤 무덤은 뼈조차 삭아버려 검은 흙에 뼈 흔적만이 남아 있을 뿐이다. 파묘를 하는 이유는 대개 두 가지인 것 같다. 하나는 묘를 다른 곳으로 옮기려는 경우이고, 또 하나는 남은 뼛조각이라도 수습하여 깨끗하게 화장하여 납골로 모시려는 경우이다.

전자는 여기저기 흩어져 있는 조상의 묘를 가족공동묘지로 조성하여 더 잘 관리하기 위한 것이거나, 아니면 묫자리가 좋지 않아 더 좋은 곳으로 이장移葬하기 위한 것으로 여겨진다. 후자는 아예 화장을 하여 절이나 대단위 납골 시설에 영구 안치하려는 시대적 변화가 반영된 듯하다.

요즘 들어 사람들은 점점 화장을 선호하는 것 같다. 사람들의 장묘 의식이 바뀌고 있다는 신호탄이다. 화장을 하여 산이나 강에 그 재를 뿌려 아예 흔적조차 없애려고 한다든지, 수목장이라 하여 나무 밑에 유골을 묻어버리는 경우가 그 좋은 예이다. 몇 년 전만 해도 일 년에 여의도 면적만큼 묘지가 생겨난다고 했으니 이러한 새로운 풍조는 쌍수를 들어 환영할 만한 일이다.

장묘 풍습은 그 나라의 종교나 문화에 따라 다름을 알 수 있다. 시신을 처리하는 방법에는 땅에다 묻는 매장, 불에 태우는 화장, 물에 넣어버리는 수장, 바람에 날려버리는 풍장, 새의 먹이가 되어버리게 하는 조장 등이 있다. 대체로 유교권이나 기독교권 국가는 매장을, 불교권이나 힌두교권 국가는 화장을, 섬나라는 수장을 선호하고, 티베트처럼 땅에 묻어도 잘 썩지 않고 화장하려 해도 태울 나무가 없는 나라에서는 조장과 풍장을 절묘하게 섞어서 하는 것 같다.

티베트의 경우, 시신이 도착하면 제일 먼저 날카로운 칼로 시신의 여러 곳을 푹푹 그어 절개한다. 그리고는 높고 넓은 천장터에 시신을 갖다 놓는다. 그러면 어디에서 오는지 시커먼 독수리 떼들이 날아와 순식간에 시신을 먹어치운다. 남은 뼈는 해머로 잘게 부수어서 다시 허공에 뿌린다. 뼛조각들은 다시 독수리들이 먹든지 바람에 날려 흔적도 없이 사라진다. 단 몇 분 만에 장례를 치르는 것이다. 티베트 사람들은 이럼으로써 죽은 자가 좋은 곳으로 간다고 믿는다.

또, 인도의 경우 갠지스 강가에서 화장을 한다. 높다란 장작더미를 쌓아놓고 그 위에 시신을 올려놓은 채 몇 시간이고 태운다. 배낭여행을 하며 목격한 일이지만 시신을 태우면서도 눈 하나 꿈쩍 하지 않는다. 오히려 괴로움의 덩어리인 육신을 훨훨 타는 장작 불꽃에 던져 버린 것을 즐거워하고 찬미하는 듯하다. 타다 남은 뼈나 재는 강에 흘려보낸다. 인도 사람들은 갠지스를 성스럽게 여기기 때문에 이 강에 뿌려지면 더 좋은 곳에 태어난다고 믿는다.

나는 어떻게 할까? 이 세상 인연이 다하면……. 매장을 할 것인가, 화장을 할 것인가? 즉답이 나오지 않는다. 태어난 존재는 반드시 언젠가 사라진다. 바로 죽음이다. 죽음이 무얼까. 언젠가 문득 이런 생각을 한 적이 있다. 죽음이란 영혼이 육신의 집에 잠시 머물다가 인연이 다하면 떠나는 것이라고. 집은 오래되면 지붕이 새고 벽이 허물어져 사람이 살 수 없듯이, 육신도 마찬가지로 돌보고 돌보아도 더 이상 고쳐지지 않으면 영혼은 그 육신을 놓아버려야 한다. 일말의 집착도 없이 탁 놓아버려야 한다.

나는 죽음이 끝이 아니라고 생각한다. 태어나고 또 태어나서 모든 생명이 끊임없이 이어질 뿐, 우주의 존재 그 자체는 변하지 않는다고 본다. 그냥 연기緣起적으로 변화할 뿐이다. 태어남이 있기에 죽음이 있고, 죽음이 있기에 태어남이 있고……. 어느 선사가 말하기를, 태어남이란 한 조각 구름이 일어나는 것과 같고, 죽음이란 한 조각 구름이 사라지는 것과 같다고 했다. 구름이 어디 실체인가. 바람 부는 대로 모였다가 사라지고 마는 것을.

여기저기서 아직 예초기 소리가 요란하다. 태풍의 영향인지 비바람도 거세다. 그런 와중에도 어느 결에 할아버지 산소가 말끔히 단장되었다. 마치 이발을 한 듯 봉분도 깨끗하고 주변도 정리되었다. 한잔 술을 부어 절을 올리고 봉분에 뿌린다. 그리고 내년을 다시 기약한다.

(2012. ≪문예충북≫ 제19집)

보길도에서

배가 고동을 울리며 땅끝 부두를 떠나자 시원한 다도해가 펼쳐지기 시작했다. 한반도 최남단 땅끝 마을에서 보길도로 가는 중이다. 겨울 해풍이 제법 매섭다. 점점이 박힌 섬들 사이로 양식장들이 즐비하다. 길게 줄을 쳐 놓은 것이, 마치 바다에 고랑 밭을 일구어놓은 듯하다.

어느 곳에서는 한창 자라난 미역을 따 올리고 있다. 배에 작은 포클레인을 실은 채로 이것으로 미역을 따서는 큰 배에 풀고 있다. 얼굴을 온통 가린 어촌 아낙들이 따 올린 미역들을 정리하느라 여념이 없다. 그 양식장 사이로 나를 태운 배는 엄청난 포말을 토하며 보길도를 향해 질주하고 있다.

보길도! 사실 나는 여행 계획에 이를 포함하지 않은 터였다.

해남을 주로 둘러보고 귀향하려 했던 참이었다. 그런데 어느 식당 주인장이 보길도 이야기를 하는 바람에 호기심이 발동했다. 보길도가 고산 윤선도 선생이 노닌 곳이고, 여기서 그 유명한 40수 연시조가 나왔다는 것은 익히 아는 사실이지만, 보길도가 그렇게 큰 섬인 줄은 몰랐다. 이럴 줄 알았다면 집을 떠나기 전에 인터넷 정보 검색을 하고 왔어야 했다. 조금은 후회가 되기도 했다.

하나 잘 모르고 가는 것도 달콤 씁쓸한 걸음이 될 것 같아 배에서 내내 흥분되었다. 여행은 이렇게 미지의 세계에 들어가 떨림과 들뜸을 맛보며 즐기는 것이 아닌가. 그러면서 몰랐던 세계를 확연히 알게 되었을 때 얼굴에 파안의 미소가 흐르지 않겠는가.

보길도는 섬 전체가 전남 완도군에 속하는 하나의 면지역이었다. 없을 것이 없는, 보통 사람들이 옹기종기 모여 사는 활기찬 어촌이었다. 해수욕장도 있고 산도 있고 유적지도 꽤나 있었다. 나의 가장 큰 관심 사항은 유적지였다. 다른 것은 차치하고, 보길도에서 고산 윤선도 선생과 우암 송시열 선생을 맞닥뜨린 것은 나의 고된 여행의 백미라고 할 수 있다.

고산과 우암 선생이라……. 자세한 역사적 사실은 나중에 안 것이지만, 이분들이 보길도와 맺은 인연이 참으로 묘하다. 두 분 다 제주도로 가던 중 우연히 보길도에 들르게 되어 섬의 아름다운 풍광에 취했다는 사실이다.

고산은 조선 1587년에서 1671년까지 살다간 문신이요, 시조 작가이다. 정치적으로 열세에 있던 남인의 가문에서 태어나 집권세력인 우암 송시열 등의 서인 일파에 맞서다가, 20여 년의 유배생활과 19년의 은거생활을 했던 분이다. 19년의 은거 생활을 대부분 이 섬에서 했다니 보길도를 찾은 나그네 발걸음에 고산의 체취가 묻어나는 듯하다.

1630년대 중반, 고산은 정적의 모함을 받아 파직된 후 해남에서 지내던 중 병자호란이 일어나 왕이 항복하고 적과 화의했다는 소식을 접했다. 이를 치욕으로 생각하고 아예 해남마저 떠나 제주도로 가던 중 보길도의 수려한 경치에 이끌려 이곳에 정착하게 되었다.

고산은 자신이 살던 일대를 '부용동芙蓉洞'이라 이름하고, 산봉우리 아래 집을 지어 글을 지으며 노니는 곳이란 뜻으로 '낙서재樂書齋'라 하였다. 뿐만 아니라, 주위에 정자와 당우를 짓고 석실까지 지어 마음껏 풍류를 즐겼다. 그중 하나가 세연정洗然亭이다. 나는 보길도 선착장에 내리자마자, 제일 먼저 고산의 유적지인 세연정으로 향했다. 아, 이렇게 아름다울 수가 있나! 오른쪽으로 큰 산봉우리가 있고 앞에는 푸른 보리밭이 펼쳐져 있다. 산에서 내려오는 조그만 개울이 정자 앞으로 흘러들어 못을 이루고 있다. 못 옆에는 겨울임에도 동백이 붉은 혀를 내밀며 나그네를 유혹한다.

세연정 정자는 고풍스런 자태로 못을 굽어보고 있다. 이곳에서 그 유명한 〈어부사시사漁父四時詞〉을 지었다니 감회가 새롭다. 이는 고산이 65세에 지은 시조 작품으로 춘하추동 각 10수씩 전체 40수의 연시조로 되어 있다. 사실 이 〈어부사시사〉가 학창시절 고전에 나와 얼마나 외우고 읊조렸던가. 지금도 생각나는 것은 후렴구이다. "이어라 이어라, 지국총 지국총 어사와……." 아마도 그 때는 노 젓는 소리가 이랬나 보다.

고산이 겨울을 그린 작품은 단연 일품이다. 지난밤에 눈이 갠 후에 경치가 달라졌는데 앞에는 넓고 맑은 바다가, 뒤에는 겹겹이 둘러 있는 흰 산이 펼쳐져 있다. 이를 두고 고산은 신선의 세계인가 부처의 세계인가를 자문하며 인간 세상이 아니라고 탄성을 토한다.

이 작품대로 세연정 주변을 다시 보니 딱 들어맞는 것 같다. 비록 눈이 내리지 않았지만 상상으로 그림을 펼쳐보니 영락없는 겨울의 어부사漁父詞다. 노를 저어가며 고즈넉하게 보길도를 바라보는 맛이 얼마나 풍치 있고 좋았으랴.

벌써 해는 수면으로 풍덩 빠져버렸는지 섬에 싸늘한 어둠이 드리우기 시작했다. 선착장 주변에서 여장을 풀고 하룻밤을 보냈다. 앞에 개통을 앞둔 보길대교가 노화도로 뻗쳐있다. 참으로 대단한 기술이다. 이제는 그 깊은 바다에 기둥을 심고 섬과 섬을 연결하니 인간의 창조력이 실로 놀랍다. 보길도와 노화도에서 쏟아내는 불빛이 검은 바다에서 서로 만나 얼싸안고 춤을 추는 듯하다. 두 섬이 하나로 연결되니 얼마나 좋겠는가. 아마 고산이 이 광경을 본다면 무슨 시조로 답할까?

다음날 아침, 우암 선생을 만나러 가는 길은 산길이었다. 산으로 난 고개를 넘어가니 포구를 낀 조그만 어촌 마을이 나오고, 그 앞으로 푸른 바다가 펼쳐져 있었다. 바다 쪽으로 난 산길을 휘돌아 걸어가니 무시무시한 절벽이 나왔다. 조금이라도 발을 헛디디는 날이면 불귀의 객이 되는 것은 시간 문제였다. 이마에 송알송알 식은땀이 맺혔다. 그 절벽에 우암 선생의 글씨가 새겨져 있었다. 이름하여 '송시열 글씐바위'다. 오랜 풍상에 녹아 글씨를 알아볼 수는 없으나, 그 손끝 놀림이 한편의 영상처럼 캡처되어 가슴을 훑고 내려갔다.

"83세 늙은 이 몸이 거치른 바다 만리길을 가는구나. 한마디 말이 어찌 큰 죄가 되길래 세 번이나 쫓겨나니 신세가 궁하구나. 북쪽 하늘 해를 바라보며 남쪽 바다 믿느니 바람뿐이네. 초구(임금이 하사한 옷)에는 옛 은혜 서려 있어 감격하여 마음속에 눈물 흐르네."

우암 선생은 조선 1607년에서 1689년까지 살다간 유학자이면서 당시 노론의 영수였다. 1689년(숙종 15년) 왕세자 책봉 문제의 부당함을 상소하였다가 숙종의 비위에 거슬려 관직이 삭탈된 뒤 제주도로 귀양을 가는 중이었다. 바람 불고 날이 저물어 어딘가에서 쉬어갈 곳을 찾다가 머문 곳이 바로 보길도이다. 우암 선생은 바로 이곳에서 며칠을 지새우며 임금을 사모하는 글을 바위에 새겼다.

한때 집권당의 영수였던 그가 인당수 같은 푸른 바닷물을 아래에 두고 한 획 한 획 글씨를 새겼을 걸 생각하니 몸골이 써늘하다. 역사 문헌에 의하면, 우암은 그해 제주도로 부처되었다가 다시 한양으로 압송되어 오던 중 전라도 정읍에서 사사賜死되었다고 한다.

산다는 것은 무엇인가. 이래저래 불리면서 노니는 나의 모습은 어떠한가. 보길도 이 처연한 섬을 무심히 걷는 발길에 풀잎 이슬 같은 슬픔이 뚝뚝 떨어진다. 원한은 원한으로 풀어지지 않는 법, 오직 용서만이 모든 것을 잊을 수 있는 것을.

한때 고산을 보길도로 몰았던 우암이, 결국에는 자신도 똑같이 보길도로 와서 그 회한을 되풀이하니 역사의 아이러니도 보통이 아니다. 두 분은 동시대 선후배 유학자이면서 당대의 라이벌이었다. 그분들의 족적이 보길도에 영원히 남아서 후세에 귀감이 되기를 바랄 뿐이다.

(2012. 계간 ≪화백문학≫ 47호)

제등행렬

제등행렬이 장엄하다. 매년 석가탄신일에 즈음하여 벌이는 제등행렬은 이제 하나의 축제가 되었다. 한 달 전부터 시내 곳곳에 연등이 걸리고, 시청 광장이나 주요 거리에는 붓다의 탄신을 축하하는 장엄등이 어둠을 밝힌다.

'연등축제'라 하여 서울에서는 일찌감치 하나의 전통문화축제로 자리 매김 된 지 오래다. 외국인과 다문화 가정이 참여하고 불자든 아니든 모두가 하나로 어우러져 한바탕 놀이마당을 연출한다. 마치 고려시대에 연등회나 팔관회가 이러지 않았을까 하고 상상의 나래를 펼쳐본다.

등의 역사는 꽤나 오래된 것 같다. 아마도 우리 인류는 등불을 발견하면서부터 시작되지 않았을까 싶다. 어떻게 하면 불을 오래 지속시키면서 그 불이 뿜어내는 빛을 유용하게 사용할 수 있을까를 고민했을 것이다. 한마디로 불빛을 생산하고 보존하는 방법의 결정체가 등이 아닐까 싶다.

전기가 들어오지 않던 어린 시절, 등의 대명사는 등잔이었다. 등잔 밑에서 바느질하던 어머니의 얼굴이 선연하다. 등잔 불빛의 반경은 정도에 따라 조금은 달랐지만 약 1미터를 넘지 못한 것 같다. 그 외의 공간은 대충 얼굴만 희미하게 보일 정도였다.

등잔불은 심지의 굵기와 성능에 따라 어지간한 바람이 불어도 꺼지지 않거나 오래 지속되기도 했다. 심지가 시원찮으면 기름을 잘 빨아올리지 못하여 꺼지기도 하고, 심지어는 바짝 탄 나머지 안에 꼭꼭 숨어버리는 경우도 있었다.

등잔불 다음 나온 등은 획기적인 것이었다. 바로 남포등이다. 1850년을 전후하여 서양에서 들어온 램프(Lamp)를 우리말로 옮기다보니 남포등이 된 것 같다. 그런데 내가 어릴 적에는 남포등이란 말을 잘 쓰지 않고 '호야등'이라고 했다. 알고 보니, 호야가 남포등을 뜻하는 일본말이었다. 일본말은 정말이지 나라가 광복된 뒤에도 우리 폐부 깊숙이 독사처럼 똬리를 틀고 있어 좀처럼 배설되지 않았던 것 같다.

남포등은 전체적으로 보면 3단으로 구성되어 있다. 밑에는 기름을 담는 원형의 양철 기름통이 있고, 중간에는 마치 엔타시스 기둥처럼 배가 불룩한 유리 원통이 있고, 그 위에는 연기가 빠져

나가도록 밖으로 구멍이 나 있는 지붕이 있다. 지붕에는 벽에 걸기 쉽게 철사 손잡이가 걸려 있다.

심지는 밑의 원형 기름통 위에 따로 놓여 있다. 이 심지가 원형 기름통으로 내려와 기름을 빨아올려 불을 붙일 수 있도록 만들어져 있다. 불을 붙이려면 한쪽 기둥에 장착되어 있는 막대를 아래로 눌러야 한다. 그러면 유리 원통이 위로 올라간다. 그 사이 성량을 긁어서 심지에 불을 붙이는 것이다.

이 남포등은 가히 혁명이었다. 나는 감히 등의 혁명, 아니 생활의 혁명이었다고 부르고 싶다. 그만큼 남포등이 안겨 준 환희와 감동은 어린 시절 나에게 이루 말할 수 없는 새로움이었다.

바람이 불어도 끄떡없고 좀 비가 내려도 괜찮았다. 밝기는 등잔불보다 몇 배나 되었다. 탁상 위에 놓아도 되었고, 벽에 걸어도 무방했으며, 마루 서까래 밑에 달아 놓아도 좋았다. 더운 한여름에는 마당 빨랫줄에 달아 놓고 그 밑에 멍석을 깔고 놀아도 되었다.

아버지가 장에 가셨다가 늦게 오시는 날이면 남포등을 들고 배웅을 나갔다. 내가 밤에 놀러 갔다 늦게 집을 들어서면 어김없이 남포등이 걸려 있었다. 혹여 마루로 올라오다 발을 헛디딜까 하는 어머니의 염려가 스며있는 것이다. 남포등은 그야말로 등잔으로는 어림도 없는 안전성과 포근함을 안겨주었다.

등잔이든 남포등이든 등이라고 하는 것은 불을 켜서 어둠을 밝히는 것이다. 해가 지고 어둠이 내리면 어떤 일도 할 수 없다.

어둠을 밝힐 수 없다면 그냥 잠이나 자야 할 노릇이다. 등은 정말이지 우리 인간에게 어둠을 없애준 광명이다. 지금은 모두가 전기등이지만 이것 역시 등이 진화한 것일 뿐 어둠을 물리쳐주는 것은 마찬가지다.

그런데 등이 과연 어둠이나 없애주는 평범한 도구로만 머물러야 할까? 나는 제등행렬에서 새로운 것을 발견한다. 선남선녀들이 저마다 갖가지 다른 형색의 등을 들고 거리를 행진한다. 조용한 자태로 그러면서 엄숙하게 무어라 기도염불을 한다. 등 안에는 가녀린 초 하나가 자신을 태우며 등피를 밝힌다. 과연 이들은 이 등으로 무엇을 밝히려 하는 걸까? 거리의 가로등이나 오색불빛을 내뿜는 네온사인에 비하면 초라하기가 그지없다.

불경 중 『현우경』에 보면, '빈자일등貧者一燈'이라는 일화가 있다. 어느 마을에 '난타'라는 여인이 살고 있었다. 이 여인은 가난하기가 이를 데 없어서 늘 구걸하며 생계를 유지해왔다.

그런데 어느 날 부처님이 이 마을에 와 계신다는 소식을 듣고 그 나라의 국왕과 모든 백성들이 등을 밝혀 부처님께 공양을 올렸다. 난타는 소식을 들어 알면서도 자신은 너무 가난하여 등 공양을 올릴 수가 없었다. 하는 수 없이 구걸을 하여 기름을 조금 사서 등에 불을 밝혔다. 그러면서 '이 등불은 나의 모든 재산과 마음을 바치는 것이옵니다. 바라옵건대, 이 인연공덕으로 지혜광명을 얻어 모든 생명의 어두운 그림자를 없애도록 하여 주옵소서.' 라고 간절히 기도를 올렸다.

다음 날 아침이 되자 다른 모든 등은 꺼져버렸는데, 이 여인이 밝힌 등은 여전히 켜져 있었다. 하도 기이하여 부처님께 연유를 여쭈어보니, 이는 온 정성을 다하여 밝힌 등이기 때문에 꺼지지 않은 것이라고 했다. '빈자일등', 즉 가난한 여인이 바친 볼 품 없는 하나의 등은 국왕이나 돈 있는 사람들이 밝힌 화려한 등보다 훨씬 오래 빛났다.

이 일화가 상징하는 것은 무엇일까? 등은 단순히 어둠을 밝히기도 하지만 마음을 밝히기도 한다는 것이다. 우리 마음속에는 수많은 어둠의 그림자가 도사리고 있다. 본래는 허공처럼 탁 트여 티 하나 없이 맑은 것이 우리네 마음이지만, 언제 먹구름이 몰려와 천둥 번개를 치고 비바람을 일으킬지 모른다.

우리가 살아가면서 지나치게 내는 욕심이나 불쑥불쑥 일으키는 화, 사리판단을 못하여 범하는 어리석음은 대표적인 먹구름이다. 마음에 등 하나 밝혀 이런 먹구름이 일어나지 않도록 한다면 얼마나 좋을까? 마음속에 지혜의 등, 광명의 등을 늘 밝히면, 혹여 먹구름이 몰려와도 능히 물리칠 수 있지 않을까?

(2012. 《월간문학》 12월호)

아주 기쁘거나 슬플 때

사람이 살아가는 일을 어떻게 비유할 수 있을까?

마치 어디로 불지 모르는 들판의 바람 같다고나 할까? 아니면, 이른 아침 바다 위에 떨어지는 햇살 같다고나 할까?

들판에 부는 바람은 종잡을 수가 없다. 만일 회오리바람이라면 더욱 그렇다. 바다 위에 떨어지는 햇살도 마찬가지다. 해가 솟아오르며 반짝이는 햇살은 물결 따라 끊임없이 명멸한다.

사람의 마음이 그렇다. 마치 바람처럼, 햇살처럼 찰나찰나 변한다. 마음속에 순간 무엇을 담느냐에 따라 사람의 표정과 행동은 천차만별이다. 가령, 기쁠 때의 표정은 환하고 미소가 피어난다. 아주 기쁠 때는 웃음꽃이 만발하고 환호성을 지른다. 반대로, 슬플 때의 표정은 얼굴이 굳어지고 힘이 쭉 빠진다. 아주 슬플 때는 울음을 터뜨리며 눈물을 주체하지 못한다.

이른바 성리학에서 '칠정七情'이라고 말하는 기쁨, 분노, 슬픔, 즐거움, 사랑, 두려움, 욕심 등이 모두 마음을 요리하는 것들이다. 보통 사람이라면 이 칠정에서 벗어나기 힘들다. 때로는 기쁘고 즐겁다가도 화내고 슬퍼한다. 또한 사랑하다가도 두렵고 욕심에 사로잡혀 헤어날 줄 모른다. 한마디로 복합심리를 가진 존재이다.

순간순간 이러한 마음의 경계에 부딪쳤을 때 어떻게 해야 할까?

유대교 경전인 ≪미드라시midrash≫에 촌철살인 같은 명언이 있다. 바로 '이것 역시 곧 지나가리라.'라는 말이다. 이 말이 나오게 된 배경이 자못 흥미롭다.

고대 이스라엘의 2대 왕인 다윗이 어느 날 궁중의 한 보석 세공인을 불러 명령을 내렸다. 반지 하나를 만들되 자신이 매우 큰 승리를 거둬 기쁨을 억제하지 못할 때 이를 조절할 수 있고, 또한 절망에 빠져 있을 때 자신을 이끌어낼 수 있는 글귀를 새겨 넣으라는 것이었다.

보석 세공인은 명령대로 곧 아름다운 반지 하나를 만들었다. 그러나 적당한 글귀가 생각나지 않아 애를 태우고 있었다. 어느 날 지혜롭기로 소문난 솔로몬 왕자를 찾아갔다. 부왕의 황홀한 기쁨을 절제해 주고, 동시에 그가 낙담했을 때 북돋워 줄 수 있는 글귀가 무엇인지 물었다. 솔로몬은 “이것 역시 곧 지나가리라!”란 말을 새겨 넣으라고 답했다.

참으로 솔로몬다운 명쾌한 한마디다. 누구나 승리의 순간에는 자만심에 도취되고 패배하면 낙심하게 될 텐데, 이 한마디가 이를 해결해 줄 것임에 틀림없기 때문이다.

모든 것은 지나간다. 승리도 지나가고 패배도 지나간다. 마치 들판의 바람이나 바다 위의 햇살이 사라지는 것처럼. 마음에 일어나는 모든 감정도 그때뿐 마찬가지다. 고정된 실체란 없는 것이다. 다만 나타났다 사라질 뿐이다. 아무리 기쁘고 즐거워도 아름다운 꽃이 열흘을 못가는 것처럼 그 기쁨과 즐거움은 이내 사라진다. 아무리 슬프고 두려워도 수술의 고통이 사라지는 것처럼 이내 자취를 감춘다. 그리고 아예 잊고 만다.

불교경전 ≪잡보장경≫에 보면, “유리하다고 교만하지 말고, 불리하다고 비굴하지 말라.”라는 경책의 말씀이 나온다. 바로 불교의 핵심인 ‘중도中道’의 가르침이다. 사람이 유리한 상황에 처하면 교만을 떨기 쉽고, 반대로 불리한 상황에 처하면 비굴해지기 쉽다.

중도적인 삶, 참으로 알기도 어렵고 알면서도 실천하기 힘들다. 극단에 치우지지 않은, 그러면서도 그 상황에 가장 적절하고도 최선의 상태를 유지하는 삶, 이것이 중도의 삶일진대 보통 어려운 일이 아니다.

붓다는 중도를 마치 거문고 줄을 다루듯이 실천하면 된다고 했다. 거문고는 언제 가장 소리가 잘 날까? 바로 줄을 알맞게 조율했을 때이다. 너무 팽팽해도 안 되고 너무 느슨해도 안 된다. 팽팽하면 끊어지고 느슨하면 소리가 나지 않는다. 그런 것처럼 마음의 평정을 유지하라는 것이다.

세상을 살면서 순간의 기분에 치우치지 않고 평정을 유지하며 사는 것이 쉽지는 않다. 늘 바람에 흔들린다. 이를 '팔풍'이라 부른다. 여덟 가지 바람이다. 이익과 손해, 칭찬과 비방, 자만과 분노, 즐거움과 괴로움이 그것이다.

이는 밖에서 불기도 하고 안에서도 분다. 정말로 다스리기 힘든 바람은 주로 후자이다. 손해를 보았을 때, 비방을 들었을 때, 화가 치밀어 오를 때, 그리고 고독으로 괴로울 때 정말 어쩔 줄을 모른다.

이럴 때마다 나는 "이것 역시 곧 지나가리라."라는 글귀나 "유리하다고 교만하지 말고 불리하다고 비굴하지 말라."라는 말씀을 떠올린다. 아무리 기뻐도 이것 역시 곧 지나간다고 생각하면 자만에 빠지지 않고 겸손해지며, 아무리 슬퍼도 이것 역시 곧 지나간다고 생각하면 괴로움의 늪에서 나올 수 있다.

임진년 새해 화두는 아주 기쁘거나 슬플 때 중심을 잃지 않으며 살기다. 그렇게 스스로 다짐해 본다.

(2012. 2. ≪중부매일≫)

요즘의 건망증

집을 나설 때 꼭 챙겨야 할 것이 있고 빠뜨려도 되는 것이 있다. 가령 시계나 필기구, 메모지 등은 빠뜨려도 별 무리가 없다. 왜냐하면 시간은 물어보면 되고, 필기구나 메모지는 빌리면 된다.

그런데 꼭 챙겨서 가져가야 할 것을 빠뜨렸을 때 보통 낭패를 보는 것이 아니다. 바로 열쇠, 지갑, 핸드폰이다. 나는 이를 줄여서 '열 · 지 · 핸'이라고 부른다. 세월이 가면서 점점 건망증이 심해진다. 아침 그 바쁜 출근 시간에 반드시 챙겨야 할 이 세 가지를 몽땅 빠뜨리는 경우도 있고, 한 가지만 빠뜨리는 경우도 있다.

가장 황당한 것은 자동차 열쇠를 안 가지고 나오는 경우이다. 아파트 지하 주차장에 가서 자동차문을 열려고 열쇠를 찾으면 그제야 없는 것을 안다. 아이쿠, 그나마 일찍 나온다고 한 것이

허사가 되어 버린다. 지하 계단을 오르고 지상으로 나와 출입 비밀번호를 눌러 현관문이 열리면 다시 엘리베이터가 내려오기를 기다린다. 그리고 헐레벌떡 아파트 문을 따고 들어가 열쇠를 챙긴다. 자그마치 이런 과정이 5분 이상은 걸린다.

어떨 때는 이런 시간이 아까워 핸드폰으로 아내에게 전화를 하여 열쇠를 던지라고 한다. 전화를 받고 아내가 황급히 아파트 8층에서 열쇠를 던진다. 방향을 잡아 잘 던진다 해도 이것을 받기가 보통 어려운 일이 아니다. 엉뚱한 곳으로 떨어져 열쇠 꾸러미가 망가지기 일쑤다.

가끔 지갑을 빼놓고 집을 나서는 경우가 있다. 차에 기름이 떨어져 주유를 하고는 지갑을 뒤진다. 지갑이 없다. 보통 낭패가 아니다. 천만 다행히 핸드폰은 있어 집에 전화를 한다거나, 그것이 안 될 때에는 양해를 구하고 집에까지 갔다 온다. 집에서 가까운 단골 주유소에서 기름을 넣었기 망정이지 시내에서 주유를 했다면 어쩔 것인가. 차마 웃지도 못할 건망증이다.

지갑에는 각종 신용카드, 자동차보험카드, 현금, 명함 등이 들어있다. 어찌 보면 나의 신용장이 들어 있다고 해도 틀린 말이 아니다. 카드로 구매를 결제하고 돈을 찾기도 하며, 차가 잘못되었을 때 보험카드로 긴급 출동을 부를 수도 있다. 지갑을 잃어버리기라도 한다면 이건 보통 문제가 아니다. 현금은 도둑맞았다 치면 그만인데 신용카드는 분실을 인지하기까지 어떻게 남의 손에 쓰일지 모르는 일이다.

지갑은 설령 잘 챙겨 갔어도 늘 신경 쓰이는 물건이다. 실제로 지갑을 잃어버려 애를 태우는 것을 많이 보았기 때문이다. 옷을 아무 곳에나 벗어 놓았다가 흑심을 품은 자가 슬쩍 했을 때는 정말이지 속수무책인 것이다.

한번은 지인들과 술자리를 한 적이 있는데, 그중 한 분이 자신이 술값을 치른다기에 내버려 두었다. 그런데 이분이 이리 뒤지고 저리 뒤져도 지갑을 찾지 못했다. 고개를 갸웃갸웃하면서 '참 이상하다.'를 연발했다. 분명히 지갑이 주머니에 있었다는 것이다. 아무리 찾아도 지갑이 나오지 않자 주위까지 의심하는 눈초리였다. 참으로 난감한 상황이 벌어졌다. 나중에 알고 보니, 그 지갑은 집에 잘 모셔져 있었다.

마지막으로 핸드폰이다. 이 핸드폰이야말로 진화를 거듭해 이제는 스마트폰이다. 정말로 친절하고 똑똑하다. 만일 이것을 챙기지 않고 집을 나서면 일단 홀가분하다. 전화 올 일도 없고 전화할 일도 없으니 얼마나 자유로운가.

문제는 전화번호가 몽땅 이 핸드폰에 저장되어 있어 꼭 누군가에게 전화를 할 일이 생겼을 때 낭패를 본다. 핸드폰이 탄생한 이후 전화번호를 열 개 이상 외우는 사람이 있다면 나는 대단한 사람이라고 본다. 나는 내 번호 외에는 잘 외워지지가 않는다. 아내와 딸, 그리고 아들의 전화번호가 매번 헷갈린다. 단축번호만 누르면 바로 튀어나오는데 딱히 외울 필요가 없었던 것이다.

그리고 스마트폰에는 편리한 기능이 참 많이 들어있다. 이를 활용하지 않는다면 현대인으로서 직무유기라는 생각이 든다. 하지만 나는 그중의 십분의 일도 활용하지 못하고 있다.

열 · 지 · 핸! 삶을 옥죄기도 하고 풍요롭게도 한다. 어찌 보면 열쇠 없이는 꼼짝도 못하고, 지갑 없이는 생활도 못하고, 핸드폰 없이는 소통할 수도 없는 그런 지경에 처해 있는지도 모른다. 그러나 한편 이 세 가지는 삶을 자유롭게 하고 활력 있게 한다.

문제는 세월이 갈수록 건망증이 심해져 걱정이다. 건망증도 일종의 기억상실증이다. 장애는 아니더라도 깜박깜박 잊으니 대책이 없다. 심지어는 머리를 감다가 방금 샴푸를 해놓고 이를 했는지 안 했는지 확신이 가지 않는 경우가 있다. 컴퓨터를 분명 껐는데도 금방 잊어버려 다시 확인하곤 한다.

중요한 건 나의 열쇠와 지갑, 그리고 핸드폰이다. 아침에 꼭 챙기려고 노력한다. 잊지 않으려고 애를 쓴다. 열 · 지 · 핸! 이 세 가지를 챙기면 하루가 만사형통이기 때문이다.

(2012. 3. ≪중부매일≫)

우리 가락 좋을시고

며칠 전 청주 예술의 전당에서 국악 공연을 관람했다. 대공연장의 1층은 입추의 여지없이 사람들로 꽉 찼고, 2층도 반 이상이 찼다. 족히 천이백여 명은 온 것 같다. 더구나 전석 초대가 아닌, 미리 예매가 이루어진 유료 입장이었다. 국악 공연에 이렇게 많은 사람들이 올 줄은 몰랐다. 꽤 연세 드신 어른부터 어린 초등학생까지 각양 각층의 사람들이 공연을 관람하고 있었다.

참으로 고무적인 현상이다. 국악 하면 따분하고 재미없다고 한다. 느리고 길고 무슨 말인지 몰라 싫다고 한다. 또 곡조가 슬프고 처량 맞다고 하는 사람도 있다. 누군가 대금이나 피리를 불어대면 뱀 나온다고 그만 하라고 하는 사람도 있다.

나도 한때 그랬다. 트로트 풍의 민요나 신나는 풍물은 몰라도 애절하게 불어대는 퉁소 소리나 〈한오백년〉 풍의 노래는 괜히 싫었다. 처량 맞은 것에 대한 내적 반감이라고 할까, 한풀이 같은 것에 대한 알 수 없는 혐오라고 할까. 어쨌든 우리 음악이 처량하다고 인식되어 있는 자체가 싫었던 적이 있다.

전문가에 의하면 음악은 시대를 반영한다고 한다. 예를 들어, 일제 강점기에는 슬픈 음악이 주를 이루었고, 해방되고 나서는 기쁨의 음악이, 6·25직후인 50년대는 군가가, 한창 경제 개발이 이루어질 때는 건전가요가 유행했다.

우리 국악을 보면, 〈아리랑〉 풍의 슬픈 곡조가 있는가 하면 기운 넘치는 풍물 장단이 있고, 멋스러우면서도 꼿꼿하게 흘러가는 정악이 있는가 하면 살살 흔들어대며 애간장을 녹이는 산조 가락이 있다.

시대가 암울할 때는 아리랑을 불렀고, 기쁘고 흥겨울 때는 풍물을 쳤다. 선비나 양반은 풍류로서 정악을 즐겼고, 민초들은 산조 가락을 빚어냈다.

내가 어렸을 적 가끔 풍물패가 우리 동네에 온 적이 있다. 그 노니는 모습이 얼마나 흥미진진했던지 한바탕이 다 끝날 때까지 자리를 뜨지 못했었다. 북과 꽹과리, 징, 장구, 소고 등을 총동원하여 재주를 부리는데 시골뜨기 나에게는 정말 경이로운 세계였다. 맥을 놓고 보고 있노라면 나도 모르게 흥에 겨워 어깨가 들썩들썩했던 기억이 난다.

세월이 흐르면서 우리 가락, 우리 소리가 이렇게 좋은 것인 줄 몰랐다. 참으로 매력 있다. 우리 가락이 던져주는 맛이 산해진미를 넘어 신령스런 묘미가 있다. 산해진미는 혀로 느끼는 달콤함에 그치지만, 우리 가락은 한마디로 선율 그 자체이다. 끊어질듯 이어지고, 이어질듯 맺는다. 때로는 흘리다가 재끼고, 잔잔히 흔들다가 쭉 뻗는다. 산처럼 장중하면서도 물처럼 부드럽게 흘러간다.

대금은 입김으로 푸른 대숲의 시원한 소리를 내고, 해금은 두 줄로 갖은 고운 소리를 빚어낸다. 가야금은 통통 튕기며 맑은 소리를 내고, 거문고는 술대로 깊고 묵직한 소리를 자아낸다. 또 피리나 태평소는 작지만 높으면서도 장쾌한 소리를 낸다. 다 저마다 독특한 소리를 낸다. 한마디로 화이부동和而不同의 경지다. 각자 다르지만 한 소리를 낸다.

국악 연주를 듣고 있노라면, 멀리 산봉우리들이 두리둥실 구름바다를 떠가는 것처럼 아름답고, 가을 기러기가 높푸른 하늘을 나는 것처럼 자유롭다. 마음이 울적할 때는 그 슬픔의 진액을 다 빨아들여 속이 시원하고, 마음이 기쁠 때는 벌떡 일어나 춤이라도 추고 싶다.

나는 우리 가락을 직접 느끼고 싶어 몇 년 전부터 어려운 도전을 하고 있다. 우리 전통 악기 중에 가로로 부는 '대금'을 배우고 있다. 대금은 '만파식적'이라고 한다. 만 가지 시름을 다 잠재워

준다고 하여 붙여진 이름이다. ≪삼국유사≫권2 〈만파식적萬波息笛〉조에 그 유래가 나와 있다. 그러니 아주 오랜 역사를 가지고 있는 악기인 셈이다.

입김을 불어넣는 취구가 있고 울림 판 역할을 하는 청공이 있으며, 손으로 막는 구멍이 6개가 있다. 소리는 낮은음인 저취, 보통음인 평취, 높은 음인 역취가 있다. 취구에 입김을 어떻게 불어넣느냐에 따라, 그리고 구멍을 어떻게 막느냐에 따라 각양각색의 소리를 낸다.

옛 선인들은 마치 학에 올라 타 하늘을 나는 것처럼 풍류를 즐겼다고 한다. 이때 빼놓을 수 없는 것이 대금이었다. 대금은 주로 양반 상류층에서 여유와 멋의 상징으로서 애용한 것 같다. 고즈넉한 계곡의 정자에서 도포 자락에 갓 쓰고 가로 뉘여 불었던 옛 선비의 모습을 떠올려 본다. 얼마나 멋지고 아름다운가. 나도 언젠가는 그런 날이 오겠지 하며 훗날을 그려본다.

우리 국악은 이제 따분하고 어려운 것이 아니다. 더 이상 처량하고 뱀 나오는 그런 음악이 아니다. 많은 사람들이 국악 연주에 관심을 보이고 즐기는 것을 보면 그런 인식은 이미 깨어진 것 같다. 사람들의 표정에서 추임새가 나온다. 얼씨구, 잘한다! 우리 가락 좋을시고!

(2012. 5. ≪중부매일≫)

6월의 산하 앞에서

6월의 산하는 푸르다. 짙게 채색한 신록이 한 폭의 수채화다. 가는 곳마다 신록이 뿜어내는 향기가 폐부 깊숙이 스며든다. 온몸으로 향기를 들이키며 6월의 산하를 어루만져 본다.

6월은 찬란한 슬픔의 달이다. 절기로 본다면 얼마나 좋은 계절인가. 종자를 뿌리기에 적당한 망종에, 창포에 머리 감고 붉고 푸른 새 옷을 입는다는 단오까지 들어 있다. 그래서 6월은 참 좋은 계절이다. 그런데 우리의 현실을 보면 그렇게 좋은 계절이 아니다. 6월은 초여름 더위만큼이나 뜨거운 진액의 슬픔이 솟는 달이다. 온 산하가 전쟁의 포화 속에 몸살을 앓기 시작한 달이기 때문이다.

그까짓 이데올로기의 대립으로 같은 민족이 처절하게 싸워야 했던 6 · 25전쟁! 아름다운 강토는 삽시간에 잿더미가 되고, 신록 우거진 산야는 탱크에 짓밟혀 망가지기 시작했다. 빗발치듯 쏟아지는 포탄 속에 죽어간 병사들의 피가 계곡을 타고 강으로 흘러 호국영령의 꽃이 되었다.

6월의 산과 강을 보면 그때의 비극이 상상화로 그려지고, 무주고혼의 소리 없는 외침이 바람처럼 들려온다. 60년 전에 전쟁의 포화 속에 죽어간 무명 병사의 한 줌 뼈가 이제야 발견되어 가족의 품으로 돌아오는 뉴스를 접할 때 코끝이 찡해온다. 어쩔 수 없는 죽음 앞에 얼마나 무섭고 전쟁을 원망했으랴. 구천을 맴돌다가 이제야 가족의 품에 안기니 그 원혼 다 풀리어 이제는 훨훨 극락의 새가 되어 날아갔으리라.

국립 대전현충원에 '하늘나라 대형 우체통'이 설치되었다고 한다. 매달 같은 이름으로 도착하는 3~4통의 편지가 있어 알아보니, 아버지가 아들에게 보내는 애절한 내용의 편지였다. 21세의 꽃다운 나이에 순직한 아들에게 보내온 편지들이다. 수신인이 읽지는 못하지만 마음에서 배어나오는 하고 싶은 말을 편지에 담아 보내온 것이다. 이 편지들을 묘비 앞에 놓고 보니, 비에 젖어 안타까움을 금치 못하다가 기왕 대형 우체통을 만들어 거기에 넣기로 했단다. 이 얼마나 가슴 뜨거운 일인가.

우리 역사를 보면 참으로 묘한 법칙(?)이 있다. 바로 '360'이라는 숫자다. 나도 몰랐는데 어느 역사학자의 강연을 듣고 무릎을

탁 쳤던 기억이 난다. 바로 360년마다 위기가 닥쳤다는 것이다. 1950년대에 6 · 25전쟁이 일어났는데, 이로부터 360년 전인 1590년대에 임진왜란(1592년)이 일어났다. 또 이로부터 꼭 360년 전인 1230년대에 몽고의 침입(1232년)이 있었다. 마찬가지로 360년 전인 870년대는 신라 경문왕 때로서 국력이 급격히 쇠퇴하기 시작한 때이다.

360년마다 민족의 위기가 왔다는 것은 곱씹어봐야 할 일이다. 자세히 들여다보면, 360년 안에 흥망성쇠가 다 들어 있다. 즉, 위기가 닥쳐서 이를 극복하고 국운융성의 정점에 도달했다가, 다시 쇠퇴의 길로 들어서 위기를 불러왔다. 달리 말하면, 하나의 포물선을 그리면서 변증법적으로 흘러갔다는 점이다. 더 흥미로운 것은, 위기를 극복하여 국운융성의 정점에 도달하기까지는 족히 180년이 걸렸고, 이로부터 서서히 쇠퇴의 길로 들어서 180년이 지나면 어김없이 위기가 찾아왔다.

우리 민족에게 씻을 수 없는 동족간의 상잔, 6 · 25전쟁은 360년에 예외가 없다는 것을 잘 보여준 예이다. 임진왜란 이후 1770년대인 조선 정조 시대에 국운융성의 정점에 있다가 서서히 쇠퇴하여 나라가 망하고 거기에다 동족끼리 전쟁을 벌이는 초유의 위기가 닥친 것이다.

다행히 이 위기를 잘 극복하여 지금은 국운융성의 길로 들어서 있다. 비록 남북으로 갈라져 대치하고 있지만, 우리 민족은 융성의 정점으로 향하고 있다. 그렇게 믿고 싶다. 언젠가는 통일이 될 것이고, 우리 민족은 세계의 중심에 우뚝 설 것이다. 6·25전쟁이 발발한지 올해로 꼭 62년이 흘렀으니, 앞으로 180년이 되기까지 그 안에 통일이 이루어지고 나라는 융성할 것이다. 우리 민족이 걸어온 길을 반추해보면 그렇다.

6월의 산하 앞에서 산자의 몫으로 고개 숙여 묵념을 올린다. 얼마나 많은 목숨들이 이 산하를 지키기 위해 땅으로 바다로 산화되어 갔는가. 그 처연하고도 찬란한 슬픔에 목이 멘다. 붉게 피었던 6월의 모란꽃이 뚝뚝 떨어져 버린 것처럼 백령도 바다에서 폭침으로 스러져간 어린 영혼들이여! 그 원혼 달래보려 고개 숙여 눈 감아 보지만 녹음방초 우거진 산하는 말이 없다.

지난 해 눈으로 직접 본 천안함의 실체! 어찌 그 묵중한 군함이 그리 쉽게 두 동강이가 날 수 있다는 말인가. 하도 기가 막혀 말이 나오지 않았다. 폭침을 당하여 자신도 모르게 바다 속에 잠겼다는 것을 알게 되었을 때 그 놀라움을 어찌 필설로 말하랴. 참으로 비참의 극치다.

6월 푸른 산하에 누워 물어본다. 산과 강물이 남북으로 달리고 흐르는 것처럼 우리는 하나가 아니냐고. 그렇다면 모든 것을 뛰어 넘어 천년만세 같이 어우러져야 되지 않겠냐고 말이다.

(2012. 6. ≪중부매일≫)

5부

다행, 그리고 행복

멈추면 비로소 보이는 것들

요즘 방송과 언론에 인기를 끌고 있는 스님이 있다. 미남형에다 얼굴도 동안이다. 인터넷으로 찾아보니 그분이 쓴 책이 베스트셀러였다. 무려 3개월 연속 1위를 지키고 있었다. 정말 대단하다고 생각했다. 도대체 무슨 내용이기에 1위를 고수하고 있단 말인가.

스님이 쓴 책이라서? 아니면, 저자가 하버드에서 공부하고 한국인 승려 최초로 미국 대학교수가 되었다는 사실 때문에? 이제까지 스님이 쓴 책은 많았다. 그리고 한국인 승려 최초로 미국 교수가 된 분이라는 사실도 신선하기는 하지만 대단한 이슈는 아니다. 그렇다면 무엇일까?

답은 제목에서 찾을 수 있었다. 제목이 ≪멈추면 비로소 보이는 것들≫이다. 멈추면 보인다? 아마도 이 화두 같은 제목이 현대를 살아가는 뭇 사람들 가슴을 파고든 것 같다. 바쁘고 정신없이 살아가는 사람들에게 '잠시 멈추어 보라.'는 메시지는 역설적이지만 쇼크처럼 들렸을 것이다. 마치 메마른 대지에 단비가 찾아온 것처럼 상큼했을 것이다. '멈춤'이란 삶에 잠시 쉼표를 찍는 것이요, 순간 자신을 들여다보는 것이다.

저자는 혜민 스님으로 '영혼의 멘토, 청춘의 도반'이라 불리고 있었다. 당장 서점에 달려가 책을 들어보니, 위로와 성찰이 담긴 글이 그림과 함께 잠언 형식으로 펼쳐져 있었다.

스님은 미국에 살면서 고국이 그리울 때마다 소셜 네트워크에 글을 올렸다고 한다. 그런데 올린 글들이 일파만파로 사람들에게 반향을 일으켜, 일약 '가장 영향력 있는 트위터리안'이 되었단다. 결국은 책까지 냈고, 요즘은 한국에 머물면서 마음 치유 콘서트를 열고 있다고 했다.

잠시 멈추고 나 스스로를 점검해 본다. 나는 어떻게 살고 있는가? 지금의 나는 누구인가? 아침부터 저녁까지 정신없이 헤매다가 다시 날이 새면 무엇에 이끌리듯이 사는 것은 아닌가. 마치 풍랑에 떠다니는 조각배처럼 방향을 잃은 채 삶을 살아가고 있는 것은 아닌가. 하루에 단 몇 분이라도 멈추어 자신의 내면을 들여다보는 시간을 갖고 있는가.

세월에 묻혀 살다 보면 언제 해가 뜨고 언제 해가 지는 지조차 모를 때가 있다. 이러다가 언젠가 스러지는 밤하늘의 별처럼 인생을 마감하는 것이라면 얼마나 허망한 삶일까?

사람이 산다는 것은 생각을 한다는 것이다. 생각은 끊임이 없다. 오죽하면 번뇌라고 할까. 마치 바다 물결이 햇빛에 반짝이는 것처럼 일어났다 사라진다. 중요한 것은 생각의 방향이다. 즉, 마음먹기다. 마음을 어떻게 먹느냐에 따라 고통의 양과 질은 천양지차다.

예를 들어, 같은 일을 해도 즐거운 마음으로 하면 스트레스를 덜 받는다. 혜민 스님은 책에서 "즐거우면 마음은 자연스럽게 열려 새로운 것을 받아들일 수 있다. 반대로 경직된 분위기나 기분이 나쁠 때는 아무리 좋은 것을 가르쳐주어도 받아들이지 못한다."고 말하고 있다. 그러면서 "살짝 노는 듯이 열심히 하는 친구들이 사실, 일을 더욱 능률적으로 잘한다. 열심히 죽어라 일만 하는 사람은 일의 즐거움 없이 스트레스로 일을 하는 사람이다."라고 충고하고 있다.

더위가 맹위를 떨치고 있다. 여름을 어떻게 보낼까. 잠시 짬을 내어 쉬어볼 요량이다. 잠시 멈추어 마음을 들여다보며 무엇이 있는지 비추어 보고, 혹시 비울 것이 있다면 가차 없이 내려놓아야겠다. 휴식은 평화를 가져온다. 내 마음이 편해야 세상이 편한 것이 아닌가?

≪유마경≫에 보면, "내 마음이 청정하면 온 국토가 청정하

다."는 말씀이 나온다. 모든 것은 마음에서 나와 마음으로 이루어지고 마음으로 돌아간다. 그러니 내 마음이 깨끗하면 온 세상이 깨끗한 것이다.

아마존의 정글에서 나비가 파닥거린 것이, 몇 주일 혹은 몇 달 뒤에 미국 텍사스 주에서 폭풍우가 일어나는 원인이 될 수 있다고 한다. 미국의 기상학자 로렌츠가 말한 '나비효과' 이론이다. 내가 잠시 멈추어 휴식을 취한 것이 아무것도 아닌 것 같지만, 나비 효과가 되어 내 가족, 내 이웃에게 평화와 행복을 가져다준다면 얼마나 좋은 일인가.

멈추면 비로소 보이는 것들은 바로 이런 것일 게다. 아무리 바빠도 단 몇 분이라도 멈추어 보는 것이다. 순간의 여유를 가져 보는 것이다. 그러면 안 보이던 것이 보인다. 잠시 숨었던 생각이 솟아난다. 그것은 참으로 신기한 일이다. 파란 하늘이 구름에 가려 보이지 않지만 구름이 사라지면 그대로 드러난다. 하늘은 언제나 있는 청정무구한 내면의 세계다.

때로는 지나친 욕심이나 화가 내면의 세계를 흐린다. 마치 맑은 샘물에 흙탕물이 일면 아무 것도 보이지 않듯이, 욕심이나 화는 평소 보던 것을 못 보게 하는 어리석음을 낳는다. 어리석음은 사람의 판단을 마비시킨다. 잘못하면 일을 그르치게도 한다. 그러니 잠시 멈추어서 자신과 주변을 바라볼 일이다.

(2012. 7. ≪중부매일≫)

문장대 오르는 길

"도道는 사람을 멀리하지 않는데 사람이 도道를 멀리하고, 산은 세속을 여의지 않는데 세속이 산을 여의는구나."

신라시대의 대문장가 최치원이 속리산을 노래한 시다. 세속을 여읜 산이라 하여 속리산이다. 속리산 문장대에 오른다. 아주 오랜만이다. 혼자 오른다. 둘만 돼도 침묵이 깨진다. 고요한 침묵, 이것은 외로움이 아니라 즐기는 고독이다.

송곳 같은 햇살이 내리 꽂히는 폭염은 온 데 간 데 없다. 시원한 그늘에 새 소리, 바람 소리, 그리고 졸졸졸 흐르는 맑은 물소리뿐이다. 기묘한 바위에 우뚝우뚝 다가서는 아름드리 소나무, 은근 슬쩍 눈길 주며 지나가는 다람쥐, 모두가 한바탕 여름을 즐기고 있다. 여름은 원래 더워야 맛있는 법이다. 여름이 덥지 않고 오히려 시원하다면 곧 다가올 가을이 존재감을 잃어버릴 것이다.

온 대지를 삶는 듯한 삼복더위에 산을 오르는 것은 참 매력이다. 이를테면 이열치열이요, 망서忘暑요, 더 나아가 낙서樂暑이다. 더울 때 실컷 땀을 흘리고 나서 느끼는 맛이 일품이다. 그래서 더위를 잊는 것이요, 즐기는 것이다.

소금기 밴 굵은 땀방울이 목 줄기를 타고 내리다 가슴팍으로 쭉 미끄러지는가 하면, 얼굴에 맺힌 땀방울은 무게를 견디지 못해 그냥 돌계단으로 뚝뚝 떨어진다. 잠시 쉬어 수건으로 땀을 훔치니 그렇게 상쾌할 수가 없다. 살아가면서 이런 시원함은 쉽게 얻어지지 않는다. 무언가 힘써 하고 난 뒤에 다가오는 성취감만큼이나 감칠맛이 있다.

산을 오른다는 것은 거대한 자연의 품에 안기는 것이다. 사실 내가 오르고 있지만 거대한 산은 나를 품고 있는 것이다. 그러니 마음이 편안하다. 엄마 품처럼 푸근하다. 아마도 산의 거대한 풍모에서 인자함이 배어나오기 때문일 것이다.

하지만 산은 산이다. 오르지 않으면 안 되는 절체절명의 명제를 던진다. 가다 보면, 가파른 길이 나오기도 하고 험한 길이 펼쳐지기도 한다. 이것은 산이 주는 도전과 위엄이다. 매양 인자한 것이 아니라는 이야기다. 그 도전과 위엄에 압도되어 얼마나 많은 사람이 산을 오르다가 생명을 잃고 있는가.

순간, 보기에도 아득한 돌계단이 나타났다. 보통 가파른 것이 아니다. 대충 헤아려 봐도 천 개는 될 것 같다. 저기를 어떻게 오른단 말인가. 이제부터 산이 주는 도전에 응해야 한다. 그리고 그 위엄에 순응해야 한다. 만일 그렇지 않다면 나는 당장 하산을 결심해야 한다.

발목이 씨근거린다. 아마도 발목 부위에 무리가 갔나보다. 그래도 이를 악문다. 문장대가 바로 저기라는데 예서 멈출 수는 없다. 걷고 있는 힘겨운 다리에 위로의 메시지를 보낸다. 조금만 더 힘을 내라고. 이제까지 인생을 잘 걸어왔듯이 잘할 수 있을 거라고 자성 예언을 보낸다.

드디어, 문장대다! 푸른 하늘에 구름이 두둥실, 그 구름 떠가는 곳에 우뚝 솟은 문장대가 보인다. 와, 이런 절경이……. 어디서 불어오는 바람인지 속까지 시원하게 훑어간다. 예전에 있던 문장대 휴게소가 보이지 않는다. 언젠가 눈꽃 피던 겨울에 마셨던 문장대 커피가 그렇게 맛있었는데……. 아, 그랬는가 보다. 미관상 철거했나 보다.

문장대가 저기 저만치 있다. 숲 속 길을 헤쳐 푯말 앞에 선다. 조선조 제7대왕 세조가 여기를 다녀갔다는 이야기가 적혀 있다. 어린 조카 단종을 밀어내고 왕이 된 세조가 아닌가. 피부병 때문에 전국 유명 각지를 돌아다니다가 속리산 계곡에 와서 목욕을 하고 씻은 듯이 종기가 사라졌다니 신기할 따름이다.

현생에 지은 업보가 지중하여 불가에 귀의한 후 각종 불서를 편찬하고 유명 사찰을 유유했다고 한다. 법주사에 오면 꼭 여기에 올라 시를 읊었다고 한다. 그래서 '문장대文藏臺'라는 이름이 붙여졌다고 한다.

아찔아찔한 철계단을 올라 문장대에 오르니 절경이 따로 없다. 몽글몽글한 암봉이 앞서거니 뒤서거니 사방으로 달리면서 능선을 이루는데 참으로 장관이다. 마치 심장의 피가 동맥에 실려 힘차게 몸속 곳곳까지 퍼져나가는 것 같은 시원함이 느껴진다. 능선은 제각기 온갖 생명을 품고 세속으로 달리고 있었다.

아, 그 말이 맞았다. 분명, 산은 세속을 여의지 않았다. 산은 끝내 마을로 이어지고 있었다. 들로 물길로 변신을 거듭하면서 사람을 향하고 있었다. 사람에게 신선한 물을 끊임없이 날라 주면서 정작 말이 없다. 그렇다면 그 자체가 진리, 즉 도道가 아닌가.

하늘을 떠가는 구름이 마치 백학이 날아와 한판 춤을 추는 듯하다. 문장대에 세 번 오르면 죽어서 극락에 간다고 하는데 극락이 어디 따로 있으랴. 바로 여기, 구름 머물고 천하 절경 펼쳐진 문장대 이곳이 극락이 아니겠는가. 아마도 문장대 오르는 길은 살아서 극락에 오르는 또 하나의 길이 아닌가 싶다.

(2012. 9. ≪중부매일≫)

내 고향 호반의 전설

고향은 언제나 가도 좋다. 그래도 남은 길이 있어 좋고, 그 길에 새겨진 추억이 일어 좋다. 잠시 멈추고 추억에 잠겨보고자 고향 호반을 찾았다. 바로 대청호가 펼쳐져 있는 '문의'란 곳이다.

문의는 수몰된 옛날 장터보다 높은 지대에 위치해 있다. 면소재지 바로 앞에는 대청 호반이 펼쳐져 있고, 댐으로 가는 차들이 끊임없이 오간다.

중학교에 들렀다. 아주 오랜만이다. 그러니까 지금으로부터 36년 전에 이 학교를 다녔으니 세월도 참 많이 흘렀다. 그 시절, 교정 앞에는 측백나무인지 향나무인지 정확히 알 수 없는 나무들이 성장을 자랑하듯 원형탑 모양으로 높이 솟아 있었다. 빠드득 빠드득 소리 나는 나무 바닥 교실에서 밖을 바라보노라면, 하늘을 향해 있는 나무가 참 힘차 보였다.

원족을 간 적이 있다. 그때는 멀리 소풍 가는 것을 원족이라 했다. 동네 어른들이 그렇게 불렀다. 아마도 멀리 걸어간다 하여 붙여진 이름 같다. 문의에서 그리 멀지 않은 곳에 '오가리 강'이 있었다. 그곳으로 원족을 가는데 정말 힘들었다. 이건 가도 무슨 산길을 걸어서 가는데 끝이 없었다. 흙먼지 날리는 신작로 길을 가다가 다시 산길로 들어서 굽이굽이 돌아 어느 절에 도착하였다.

잠깐 샘에 목을 축이고 절 난간에 서서 앞을 내려다보는데, 눈을 뜨지 못할 정도로 아찔했다. 수백 미터 아래로 시퍼런 강이 흐르고 있는 것이 그저 아득하기만 했다. 바로 오가리 강이었다. 절이 강으로부터 아주 높은 산 절벽에 위치하고 있었던 것이다. 당시 어린 체구에 절에서 조심조심 강으로 내려갔던 기억이 난다.

중학교 3학년 때 대청댐이 완공되면서 문의 장터가 물에 잠기기 시작했다. 쉬는 시간마다 얼마나 잠겼나 보기 위하여 운동장을 가로질렀다. 워낙 학교가 높은 지대에 있었기에 수몰은 면했고, 대신 아래에 있는 장터가 잠기는 장면을 똑똑히 볼 수 있었다. 하루하루 조금씩 다르게, 있던 것들이 사라지는데 깜짝 놀라다가도 어느 순간 어린 마음에 좀 허무하다는 생각도 했다. 어머니가 장터에 가서 운동화 사주고 손잡고 돌아다니던 길목이 아주 영원히 없어진다고 생각하니 가슴 한쪽이 쓰리기도 했다.

그런데 정말 장관이었다. 물안개가 피어오르며 높은 산들이 낮아지고 산과 산 사이에 물 광장이 생기면서 넓은 호수를 이루는데 그만 입이 떡 벌어지고 말았다. 수몰은 슬픈 일이지만 새로운 세계를 창조해 내는 것에 적잖이 놀랐다. 비록 인공적으로 만들어진 호수지만 바다가 없는 고장에 이런 선물이 어디에 있겠는가.

학교 운동장에서 나와 대청댐으로 차를 몰았다. 바로 현암사를 가기 위해서였다. 원족에서 목을 축이고 아찔해 했던 그 절 이름이 바로 현암사懸岩寺였다. 절이 절벽에 매달려 있다 하여 붙여진 이름이다. 이 절에 올라 그 옛날 원족에서 아찔했던 추억을 꺼내 볼 요량이다.

현암사에 오른다. 그 옛날 그렇게 높이 올려다 보이던 현암사는 도로에서 보니 바로 위에 있다. 오르막길에 철 계단이 놓여 있어 얼마 오르지 않아 절에 닿았다. 아, 그때의 절이 아니었다. 원족 때 보았던 절은 초라하기 이를 데 없었다. 오두막집처럼 법당인지 요사인지 한두 채 정도 있었던 것으로 기억나는데 지금은 완연히 달랐다. 비록 절벽 같은 산 위에 자리 잡고 있지만 제법 사격을 갖추고 있었다.

요사 마당에 서서 앞을 바라보니 대청호가 펼쳐졌다. 그때는 좁은 오가리 강이었지만 이것이 넓은 호반으로 바뀐 것이다. 내륙의 바다가 따로 없다. 재미있는 것은 이곳 현암사에 얽힌 전설이다. 그 유명한 원효대사가 이곳에서 수도를 하면서 예언을 했단다. 바로 천년 후에 절 앞에 세 개의 호수가 생긴다는 예언이다. 현암사를 품은 산의 이름은 구룡산인데, 마치 용처럼 생긴 아홉 개의 산줄기가 강으로 뻗어 있다 하여 붙여진 이름이다. 산의 형세로 볼 때 대웅전은 청룡 날(등)에 해당한다. 그래서 만일 큰 호수가 생겨 용이 물을 만나게 되면 왕자 지형이 생기고 왕이 거주하게 된다고 하였다. 실제로 삼호루라는 편액이 걸린 누각이 있었다고 한다.

과연 예언대로 세 개의 호수가 생겼다. 바로 대청댐 호수, 보조댐 호수, 청남대 호수가 그것이다. 가만히 보니 왕자 지형이 보이는 것도 같고, 멀리 청남대가 자리하고 있는 것을 보면 왕이 거주하게 된다는 것도 틀린 말이 아니다. 또한, 옆에 세종시가 들어서 행정수도나 다름없는 국가 대역사를 진행하고 있으니 예언이 더욱 무게가 있어 보인다.

세월 한 조각을 떼어 내어 저 푸른 대청 호반에 던져 버리고 싶다. 너무 세상사에 지쳐서일까. 아니면, 어린 시절로의 회귀본능일까.

순간, 깊이 잠들었던 청룡이 호수에서 뛰쳐나와 여의주를 물고 구룡산 자락으로 날아오는 것 같다. 비늘에 주렁주렁 휘황찬란한 물방울을 떨어뜨리면서. 아, 이제 용이 승천하려나 보다.

(2013. 2. ≪중부매일≫)

겄대산 가는 길

겄대산에 오른다. 우암산에서 한 치 건너 나지막하게 뻗어 있는 겄대산은 틈만 나면 오르는 산이다. 산이라고 하지만 두어 번 오르막길이 있을 뿐 가볍게 걸을 수 있는 산이다.

어린이회관 옆으로 오르는 길이 있고, 풍주사에서 오르는 길이 있는가 하면, 산성터널 로드파크에서 오르는 길이 있다. 아니면, 김수녕 양궁장에서 올라 낙가산을 지나 오르는 길이 있고, 아예 상당산성으로 올라가 출렁다리를 건너 겄대산으로 가는 길도 있다.

겄대산을 오를 때마다 소회가 적지 않다. 봄, 여름, 가을, 겨울 할 것 없이 사계절이 피고 지는 모습에서 삶을 비추어보고 진한 무상을 맛보기도 한다.

산에 오르는 것은 모든 것을 내려놓고 자연과 하나가 되는 시간이다. 그래서 가능하면 누구와도 동행하지 않는다. 둘만 돼도 침묵이 깨지기 때문이다. 대신 나는 지난 계절에 보았던 나무들을 바라보고, 푸른 적송과 대화하고, 새소리에 귀 기울인다.

그중 산수유는 참 매력적이다. 지천에 있는 것이 산수유인데, 겨울에는 그렇게 앙상하던 것이 봄에는 잎도 나기 전에 일찌감치 노란 꽃을 피운다. 성미가 참 급하다. 그리도 빨리 자신의 속내를 드러내 보이고 싶을까. 가만히 보면 몸매가 매끈하고 봄 처녀처럼 상큼하다. 가을에는 그 무성한 잎에 진녹색의 열매가 붉게 물든다. 스산한 가을바람에 붉게 물든 산수유를 바라볼 때면 나도 모르게 가슴이 저미어 눈시울이 뜨거워진다.

것대산에는 아름드리 적송이 군데군데 있다. 적송을 바라볼 때면 힘이 솟는다. 어쩌면 저리도 무심히 세월에 꿈쩍도 하지 않고 그 푸르른 자태를 뽐낼 수 있을까. 평생을 저 적송처럼 살 수 있다면 얼마나 좋을까. 문득 앞에 서 있는 적송에 끌려 무언의 눈빛을 보낸다. 그러나 적송은 말이 없다. 그냥 꿋꿋하게 서 있을 뿐이다.

산수유와 적송은 오묘하게도 무상과 영원을 상징하는 것 같다. 산수유는 변신을 거듭하니 무상을 드러내고, 적송은 세월에 꿈적도 않고 붉은 빛에 푸름을 간직하니 영원을 웅변하는 것 같다. 허나 따지고 보면 이 세상에 변하지 않는 것은 없다. 적송이라고 하여 어찌 변하지 않겠는가. 봄에는 송홧가루 날리고 가을에는 솔방울이 열리지 않는가.

겻대산에 오르다 보면, 이름 없는 무덤과 마주친다. 그 옛날 청주읍성에 사는 사람들의 무덤일 것이다. 뭉긋 올라와 있는 것이 분명 봉분으로 보이는데, 그 위에 군데군데 나무가 솟아 있다. 자손 대가 끊긴 것인지 자손이 있어도 내팽개쳐서 그런지 알 수가 없다. 이로 보면 사후의 세계도 참 무상한 것이다.

산길을 쭉 가다 보면 상봉재가 나온다. 상봉재는 옛날에 읍성 인근 사람들이 청주 장터를 오가던 길이다. 상봉은 그 근처에서 가장 높은 봉우리라는 뜻이다. 소몰이꾼이나 장돌뱅이들이 상봉 고갯길을 오가며 온갖 시름을 다 풀어놓았을 것을 생각하니 길이 예사롭지 않다. 길이 어둑어둑하면 불도 없는 데다 짐승 우는 소리가 들렸을 것이다. 어디선가 맹수가 느닷없이 나타나 와락 달려들기라도 하면 꼼짝없이 당할 판이다.

돌무더기는 그래서 필요했나 보다. 상봉재 옹달샘 언저리에 돌무더기가 있다. 사실, 산에 오르다 보면 돌탑이나 돌무덤을 쉽게 볼 수 있다. 한 돌 한 돌 쌓아 올린 것이 정성스러워 보여 거기에 종교적 염원이 담겨 있는 것으로 생각했다. 그런데 이 상봉재 돌무더기는 고갯길을 가다 맹수가 나타날 때 방어용으로 쌓아놓은 것이란다.

평소 생각을 확 뒤집어 놓는다. 아, 그럴 수도 있겠구나. 호랑이나 늑대가 나타나 덤벼들면 어쩔 것인가. 이때는 돌이 최고다.

돌이 사람을 보호준 것이다. 그래서 사람들은 오가면서 돌 하나씩 주워서 돌무더기를 만들었을 것이다. 서로에 대한 배려인 셈이다. 이 돌무더기가 돌무덤이 되고 돌탑이 되기도 했으리라. 조상들의 번득이는 지혜가 실로 놀랍다.

상봉재 옹달샘 물이 그렇게 좋을 수가 없다. 사시사철 흘러나오는데 맛으로 치면 일품이요, 시원함으로 치면 제일이다. 그 더운 여름에도 물이 차갑다. 오르막길을 훠이훠이 오르다보면 이마에 땀이 맺히고 목이 마른다. 이때 옹달샘에서 물 한 바가지 가득 담아 몸속에 넣으면 가슴이 뻥 뚫린다. 이고득락離苦得樂이 따로 없다. 사람은 누구나 괴로움을 떠나 즐거움을 얻고 싶어 한다. 목마름은 괴로움이다. 목마른 자에게 물 한 모금은 그 값어치를 논할 수 없다. 왜냐하면 즐거움의 극치이기 때문이다.

옹달샘에서 잠시 쉬고 정상으로 오르다 보면 봉수지가 있다. 조선시대 나라가 위태로울 때 봉화를 올렸던 곳이다. 굴뚝이 다섯 개가 복원되어 있다. 아마도 위태로운 정도에 따라 봉화의 개수를 조절한 것 같다.

이러고 보면 것대산은 참 유서 깊은 곳이다. 상봉재 옛길에다 봉수지까지 있으니 조상의 숨결이 살아있다. 오를 때마다 무상과 영원을 가르쳐주고 휴식을 안겨주니 나에게는 스승이요 보배다.

(2013. 4. ≪중부매일≫)

다행, 그리고 행복

산다는 것은 무엇일까. 사람으로 태어나기가 마치 눈 먼 거북이 망망대해에서 나무토막을 만나 숨 한번 쉬는 것만큼이나 어렵다고 한다. 막상 사람 몸을 받아 이 세상에 태어났지만 사람으로 살아가기가 쉽지 않다. 만물의 영장이라 하지만 바로 한 치 앞도 내다보지 못하고 그냥 당하기 일쑤다.

어렸을 때의 일이다. 저녁을 먹고 동네 놀이터에 나와 휘파람을 불며 우두커니 서 있었다. 보름달이 휘영청 밝아 또래 아이들은 벌써 나와 여기 저기 뛰어놀고 있었다. 그때였다. 어떤 아이가 내 등 뒤로 숨더니 뭔가 물체가 날아와 내 얼굴을 가격했다. 알고 보니, 누군가 등 뒤에 숨을 애를 향해 던진 돌이 내가 잘못 맞은 것이었다. 훤한 달밤이라 하지만 돌을 던진 애가 순간 나를 등 뒤에 숨은 애로 착각한 것이었다.

아뿔싸, 얼굴에선 피가 낭자하게 흐르고 놀란 나머지 그 자리에 털썩 주저앉고 말았다. 졸지에 내가 돌장난의 피해자가 된 셈이다. 자신의 의도와는 전혀 상관없이 그냥 당하고 만 것이다. 천만다행인 것은, 그 돌이 양쪽 눈을 피해 미간의 중간 지점을 강타했다는 사실이다. 조금이라도 돌의 방향이 틀어져 눈의 어느 한 쪽을 강타했다면 오늘의 멀쩡한 나는 존재하지 않았을 것이다. 봉사처럼 어두운 인생을 살았을지도 모른다. 지금도 그 순간을 생각하면 온몸이 오싹해진다.

세상을 살아가면서 '다행多幸'이란 말만큼 좋은 말이 없다. 약이면서 위안이기도 하다. 주위 사람이 사고를 당했을 때 "그만하니 참 다행이다."라고 말해주었을 때 그 사람의 얼굴엔 미소가 흐른다. 크게 다칠 뻔했는데 거기서 멈춘 것에 대한 안도의 숨이 저절로 쉬어지는 것이다.

나는 가끔 생각한다. 만일 내가 사람으로 태어나지 않고 다른 존재로 태어났더라면……. 사실 우주에 존재하는 생명은 무수히 많다. 사람 외에 짐승, 물고기, 새, 벌레, 그리고 보이지 않는 생명까지 그 수를 합치면 헤아릴 길이 없다. 그중에서 사람으로 태어났다는 사실 하나만으로도 감사할 일이다. 그 수많은 생명 중에 사람으로 태어날 확률은 앞에서도 말했지만, 망망대해에서 눈먼 거북이 나무토막을 만나 숨 한번 쉴 수 있는 것과 같다. 그러니 사람으로 태어난 것이 얼마나 다행인가.

붓다의 십대 제자 중에 '부루나'가 있는데, 이 사람은 붓다의 가르침이 하도 좋아 이 나라 저 나라로 널리 전하는 일을 서슴지 않고 즐겨 했다. 하루는 사람들의 성질이 포악하기로 이름 난 나라로 포교를 떠나는 것이 걱정되어 붓다가 물었다.

"내가 전해 듣건대, 그 나라 사람들은 심성이 사납고 성질이 흉악하여 사람을 업신여기고 수치를 주는 일이 많다고 하는데, 만일 그들이 너에게 욕설을 퍼붓고 너를 망신시킨다면 어떻게 하겠느냐?"

"설사 그 나라 사람들이 나를 업신여기고 수치스럽게 한다 할지라도, 그들의 성질이 그래도 착하고 지혜가 있다면 주먹을 쥐고 나를 때리는 일은 없을 것입니다."

"부루나야, 만일 그들이 주먹을 쥐고 때린다면 어찌 하겠느냐?"

"네. 설사 그들이 주먹으로 때린다 하더라도 칼이나 막대기로 때리지 않는 것을 다행으로 알겠습니다."

그러면서, 마지막으로 "칼이나 막대기로 너의 생명을 앗아간다면 어떻게 하겠느냐?"고 물으니, 부루나는 "세상에는 자기 육신을 싫어하여 스스로 목숨을 끊는 사람도 있는데, 그 사람들은 본바탕이 착하고 지혜가 있어 능히 나를 이 세상의 고뇌에서 벗어나게 해 주었다고 생각하겠습니다."고 답했다.

참으로 감동적이다. 스승의 가르침을 널리 펴려고 하는 의지도 놀랍거니와 어떤 고난이 와도 다행으로 생각하는 자세가 가슴을 때린다.

다행이란 뜻밖에 일이 잘되어 운이 좋다는 뜻이지만, 여기에는 늘 상황을 긍정적으로 받아들이는 선한 마음이 스며 있다. 사람은 사고 앞에 한치 앞을 내다보지 못한다. 내가 늘 그렇다. 조심은 하지만 미리 알아서 대처하는 것이 여간 어려운 일이 아니다. 길을 지나는데 무슨 물건이 하필이면 자기 몸에 떨어져 크게 다치는 일을 무엇으로 설명할 것인가.

세상에는 그런 경우가 얼마든지 있다. 옛말에 '삼재팔난'이란 말이 있는데, 이는 피하고 보는 것이 상책이다. 삼재는 보통 물, 불, 바람으로 인한 큰 재해를 말하고, 팔난은 전쟁, 기근과 같이 살면서 예기치 못하게 닥쳐오는 여덟 가지 위험을 가리킨다.

요즘의 팔난 중에 하나는 교통사고다. 옛날에는 호랑이에게 물려가는 일이 빈번했다는데 요즘은 백주 대낮에 차에게 목숨을 빼앗긴다. 어디 사람뿐인가. 어리석은 짐승이 도로를 지나가다 차에 치어 얼마나 많이 목숨을 잃고 있는가.

차를 운전하면서도 순간 '후유~' 할 때가 있다. 지나는 행인을 칠 뻔하거나 차와 부딪칠 뻔했는데 사고를 면한 것이다. 그럴 때마다 가슴을 쓸어내리며 참 '다행'이라고 몇 번이고 되뇐다.

요즘은 행복이 화두다. 굳이 철학자의 행복론을 빌리지 않더라도 행복은 매우 주관적인 것이라서 상황을 어떻게 받아들이느냐에 따라 달라진다. 내가 이 순간 행복하다고 느끼면 행복한 것이고, 불행하다고 느끼면 불행한 것이다. 확실한 것은 행복과 불행 모두가 내 작품이라는 사실이다. 행복은 누가 만들어주는 것이 아니라 내가 심고 가꾸어 수확하는 농사와 같다. 거기에는 한 치의 오차가 없다.

위에 견주면 모자라고 아래에 견주면 남는 것이다. 위에 견주면 불행하다고 느낄 것이고, 아래에 견주면 행복하다고 느낄 것이다. 행복은 그래서 상대적이다. 마음먹기에 달려있다는 뜻이다.

행복이 뭐 별 건가. 매 순간 다행이라고 생각하면 될 것 같다. 그 다행이라 생각하는 마음이 모이면 행복이 되지 않겠는가. 아무리 어려운 상황이 와도 '이만해서 다행'이라고 늘 생각하면 마음이 편해질 것 같다. 그야말로 안분지족이다. 누구나 자신의 처지에서 흐뭇하고 만족한다면 불만이 없어지고 행복해지리라 믿는다.

(2013. 5. ≪중부매일≫)

하늘재 가는 길

중복으로 치닫는 여름은 검푸른 대지에 폭염을 토해낸다. 하늘엔 뭉게구름 두둥실 떠가고 우뚝우뚝 다가서는 산 녹음은 송곳 같은 햇살에 광선을 긋는다.

어디론가 떠난다는 것은 그 자체가 행복이다. 떠남, 그것은 일단 버림으로 시작된다. 당장 하고자 했던 일을 버리고, 치밀하게 생각했던 계획도 무참히 버려야 한다. 머무는 바 없이 그냥 마음을 내는 것이 진정한 떠남이다.

내가 가는 곳은 월악산 하늘재이다. 하늘재, 그렇게 간다 해놓고 가보지 못한 곳이다. 간접 경험은 경험이 아니다. 하늘재 이야기를 한두 번 들은 것이 아니다. 허나 직접 걸어보지 않은 이상 그것은 남의 이야기에 불과하고 상상에 지나지 않는다.

이제야 하늘재를 가는 것은 인연이 도래하였기 때문이다. 이것을 '시절인연'이라 한다. 시절인연이 도래하지 않으면 아무리 해도 되지 않는 법이다. 나는 늘 그렇게 생각한다. 그 누군들 인연을 거스를 수 있겠는가. 인과 연이 닿지 않으면 어떤 일도 성사되지 않는다. 씨가 홀로 싹을 틔우는 것을 보았는가. 씨는 흙을 만나야 싹을 틔울 수 있다. 씨는 인이요, 흙은 연이다. 그래서 인연화합이라 한다.

지금 하늘재를 가는 것은 절묘한 인연화합의 결과다. 마음이 났고 사정이 허락했기에 가능했다. 하늘재는 월악산 미륵리에서 시작하여 문경 관음리에서 끝난다. 아, 이름에서 풍기는 무언가가 있다. 바로 불교의 숨결이다. 미륵이 무엇인가. 불교에서 미륵은 미래의 부처다. 미래 언젠가 이 세상에 나타날 구세주다. 비록 지금은 고통 받고 있지만 언젠가 미륵이 나타나 고통의 바다에서 모두를 건져 줄 것이라고 믿었다.

터만 덩그러니 남은 미륵리 절터엔 이를 증명이라도 하듯, 상호가 원만한 석불이 하나 서 있다. 머리에 원반 같은 돌을 이고, 뽀얀 미소를 머금은 채 월악산 영봉을 바라보고 있다. 이 석불이 바로 미륵 부처다. 조상들은 돌로 천년 세월을 조각하여 미륵 세상을 기원한 것이다.

미륵리에는 전설이 흐른다. 신라 마지막 임금 제56대 경순왕의 아들인 마의태자와 딸인 덕주공주가 망국의 한을 품고 금강산을 향해 가는 중 월악산에 이르렀다. 누이인 덕주공주는 영봉 쪽에 덕주사를 지어 남향한 암벽에 마애불을 조각하고, 마의태자는 이곳 미륵리에 석굴과 미륵불을 만들어 북쪽인 덕주사를 바라보게 하였다. 누이와 동생이 모두 불상을 조성하여 서로 마주 보게 한 것이다. 실로 혈육의 정이 살갑고 애틋하다.

하늘재 가는 길은 말 그대로 하늘로 가는 길 같다. 계곡에는 맑은 물이 흐르고 어디선가 들려오는 산새 소리는 청량하다. 산허리를 스쳐 불어오는 바람은 솔잎 향을 머금은 듯 상큼하다. 마음이 그렇게 편안할 수가 없다. 연기처럼 뭉긋뭉긋 솟아오르는 번민이 한방에 날아간다. 요즘 흔히 말하는 '힐링'이 따로 없다.

문헌에 의하면, 하늘재는 지금으로부터 1850여 년 전인 156년 신라 제8대 아달라왕이 북진을 위해 개척한 길이라고 한다. 우리나라에 남아 있는 옛길 중에 가장 오래된 고갯길이다. 문경새재보다도 더 오래된 길이라니 새삼 깊이가 더해진다.

신라 마의태자와 덕주공주도 이 길을 걸었을 것이고, 시대의 수많은 백성들이 전쟁을 피해 혹은 한양 나들이를 위해 이 길을 넘나들었을 것이다. 고려의 공민왕도 홍건적의 난을 피해 이 길을 걸었다고 문헌에 전한다. 그러고 보면 곳곳에 역사의 애환이 절절히 흐르는 길이다.

길은 외길이다. 생기 넘치는 붉은 적송이 쭉쭉 뻗어있다. 그렇게 넓지 않으면서 아기자기하고 보드랍다. 낭떠러지 같은 협곡이 나타나지도 않고 그냥 조그마한 물길 따라 오르막길이 이어져 있다. 중간쯤 휘돌아 드는 길에 석축을 쌓은 것 외에는 인공의 흔적을 찾아볼 수가 없다. 분명 천혜의 옛길임이 틀림없다.

길이란 무엇인가. 길은 수없이 많다. 산길이 있고, 들길이 있다. 꽃길이 있는가 하면 가시밭길도 있다. 오르막길이 있는가 하면 내리막길도 있다. 하늘재 가는 길은 산길이면서 오르막길이다. 대개 이런 길은 사람이 필요에 의해서 만든 길이다.

나는 하늘재 길을 걸으면서 인생길을 생각해 본다. 태어나서 지금까지 쭉 살아온 길을, 그리고 앞으로 살아갈 길을. 이 하늘재 가는 길처럼 내 인생길도 고즈넉하고 향기롭고 너무 오르막길이 아니면서 쉬엄쉬엄 솔잎 스치는 바람을 맞으며, 잠시 서서 나무를 바라보며 여유롭게 걸을 수 있는 길이면 얼마나 좋을까.

사람이 다니는 길도 길이지만, 사람을 만드는 길을 특히 '도道'라고 한다. 사람이 도를 닦는다고 할 때 이 말을 쓴다. 인생길을 가기 위해서는 인격을 닦고 마음을 수양해야 한다는 뜻일 게다. 그러고 보면 사람이 길을 만들지만 길은 또한 사람을 만든다. 오르막 고갯길을 걸어보지 않고 어찌 인생을 알겠는가. 오르막길이 있으면 내리막길이 있고, 때로는 돌부리에 걸려 넘어질 수도 있다는 것을.

이 세상의 수많은 길들은 사람이 필요에 의해서 만든 길이지만, 나름대로 인생길을 가르쳐 주고 있음을 문득 알게 된다. 이 하늘재 길도 마찬가지다. 얼마나 많은 사람이 오고 가면서 인생길을 깨우쳤을까. 때로는 헐떡거리면서 때로는 미끄러지면서 말이다. 하지만 이 길을 걷고 있는 이 순간, 인생길이 딱 이만하면 좋겠다는 생각이다.

드디어 문경 쪽의 관음리 하늘재 정상이다. 자그마치 해발 525미터나 된단다. 하늘은 높고 창공은 푸르다. 장마전선이 뻗쳐오는지 저쪽엔 먹장구름도 몇 장 떠 있다. 관음리 역시 이름이 범상치 않다. 불교의 관음보살을 상징하는 것 같다. 관음보살은 현세의 구세주이다. 옛 사람들은 힘들 때면 '관세음보살'을 염송했다. 그만큼 사는 것이 팍팍했기 때문이리라. 미륵리의 미래 세계에서 관음리의 현실 세계에 오니 잠자던 번민이 피어오른다. 그러나 마음은 한결 가볍다. 아, 여기가 관세음보살이 주하는 관음리 하늘재이기 때문일까.

(2013. 7. ≪중부매일≫)

무심천을 걸으며

청주에는 무심천이 흐른다. 유유히 흘러가는 물이 보이면 왠지 마음이 편하고 도시가 정겨워 보인다. 서울에는 한강이 있고 진주에는 남강이 있다. 모두가 그 도시를 상징하는 물길이지만 이름은 싱겁다. 한강은 큰 줄기란 뜻으로 한강이고, 진주 남강은 남쪽에 있는 강이라 하여 남강이다.

그런데 왜 하필이면 무심천일까. 갈대숲 우거진 무심천을 걷노라면 확 트인 창공이 마음을 맑게 한다. 수없이 사람들이 오간다. 그 속에는 자전거로 달리는 사람들, 앞뒤로 손을 흔들며 바삐 걷는 사람들, 여유 있게 천천히 걷는 사람들, 도란도란 이야기를 나누며 걷는 사람들……. 모양이 각양각색이다. 여기저기 의자에 앉아 속삭이는 연인들, 무심천 물에 낚싯줄을 던진 사람들,

다리 밑에는 게이트볼을 하는 노익장들도 있다. 모두가 정겨운 풍경이다.

무심천 하니, 괜히 마음이 무심해진다. 자전거로 무심천이 끝나는 지점까지 간 적이 있다. 자전거로 달리는 동안에는 정말 무심해진다. 아무 생각이 나지 않는다. 그냥 달리니 상쾌하고 즐거운 것이다.

바람이 시원한 걸 보니 영락없는 가을이다. 그렇다. 계절의 순환은 한 치의 오차가 없다. 아무리 살갗을 찌르는 송곳 같은 폭염도 태양이 한번 기우니 힘이 빠지는가 보다. 대교 아래 롤러스케이트장 주변에 코스모스가 한창이다. 사람들이 걷다 말고 사진 찍느라 여념이 없다. 가을은 코스모스의 계절이다. 그 옛날 신작로 학교 길에 코스모스가 무던히도 피었다. 심고 물만 주면 쑥쑥 자라니 신기하기도 했다.

무심천이란 이름은 참 특이하다. 나는 어디 가서도 청주의 무심천을 말한다. 우리 청주에는 무심천이 있다고. 그러면 묻는다. 무심천이 뭐냐고. 무심이 무슨 지명이냐고 묻는다. 뭐라고 답해야 할지 난감하다. 하기야 그럴 만도 하다. 대전에는 대전천이 있고, 유성에는 유성천이 있으며, 충주에는 충주천이 있다. 왜 유독 청주는 청주천이 아니고 왜 무심천일까.

알고 보면 꽤 흥미롭다. 여기에는 전해오는 일화가 있다. 때는 바야흐로 신라시대로 거슬러 올라간다. 청주고을 남천 양지마을에는 일찍이 남편을 여의고 다섯 살배기 어린 아들을 키우며 홀로 사는 과부가 있었다. 이 과부는 너무도 가난해 하루하루를 남의 집에서 품을 팔면서 사는 처지라 아들을 이웃집에 맡기고 일을 나가곤 했다.

어느 날 탁발승이 나와 시주를 부탁했다. 시주할 것이 없는 이 과부는 스님에게 아들을 하루 봐 주면 뭐라도 벌어와 시주를 할 테니 아들을 봐달라고 했다. 스님은 안타까운 마음에 승낙을 하고 아들을 보다가 그만 마루에서 잠깐 잠이 들고 말았다. 엄마가 없어 불안한 어린 아들은 집을 나와 남천으로 갔다. 남천에는 외나무다리가 하나 있었다. 엄마를 찾겠다는 일념으로 아이는 위험한지도 모르고 외나무다리를 건너다 기우뚱하여 그만 물에 빠지고 말았다. 물은 아이를 삼켰고 순식간에 목숨을 잃고 말았다.

엄마가 돌아오는 길에 아들의 주검을 발견하고는 땅을 치며 통곡을 하나 이미 돌이킬 수 없는 일이었다. 이 사실이 알려지자 인근 사찰의 스님들이 모여 다리를 놓기 시작했다. 외나무다리를 없애고 아주 튼튼한 돌다리를 만든 것이다. 다리를 완공한 후에 고을 사람들이 모여 자축하는 자리에서 한마디씩 했단다. "지금 와서 누구를 탓하고 누구를 원망하겠는가. 미운 것은 아이를 집어 삼키고도 말없이 흘러가는 무심한 남천이 아니겠는가." 하고 말이다.

이때부터 '남천'이 '무심천'이 되었다고 한다. 이때 놓인 다리는 '남석교', 혹은 '석교', '대교'로 불렸다. 실제로 이 남석교는 현재 석교동 육거리 시장 도로 밑에 원상태로 흙속에 묻혀 있다고 한다.

전해오는 이야기지만 참 재미있다. 그럴 듯하다. 남석교가 일제시대 때 도시개발계획에 의해 매몰되어 안타깝지만 수많은 사람들이 이 다리를 의지해 물을 건넜다고 전한다. 따지고 보면 한 아이의 죽음으로 탄생한 거룩한 다리가 아닌가. 언젠가 이 다리를 복원하여 청주고을의 향취를 살리면 좋겠다.

무심천을 걸을 때마다 이 이야기를 생각하면 소소한 웃음이 일다가도, 뭔가 철학적 담론이 있는 건 아닌가 하고 자문해 본다. 무심이란 말은 그냥 관심 없다는 뜻으로도 쓰이지만, 불가에서는 번뇌 망상이 사라진 해탈의 경지를 뜻한다. 혹시 청주 고을 사람들은 애가 죽었어도 모른 듯이 그냥 무심히 흘러간다는 무심이 아니라, 한 차원 높여서 이 흘러가는 물을 보면 누구나 번뇌 망상이 사라져 무심한 경지에 도달할 수 있다는 메시지를 주기 위해 무심천이라 부른 건 아닐까. 아이의 엄마도 결국은 불가에 귀의해 스님이 되었고, 그 때는 불교가 융성했던 시대이기에 그런 담론이 가능하다.

무심히 흘러가는 물, 물과 함께 걷다 보면 정말 머리가 맑아진다. 노자 도덕경 제8장에 '상선약수上善若水'란 말이 나온다. 으뜸되는 선은 물과 같다는 뜻이다. 물은 만물을 이롭게 하고 다투지 않으며 가장 낮은 곳으로 흐른다. 그래서 물은 도에 가깝다고 한다. 인생을 잘 살려면 물을 닮으라고 한다. 물을 닮으면 행복한 삶을 살 수 있다고 한다.

그럴 것도 같다. 물처럼 베풀고 나누며, 물처럼 그냥 흐를 뿐 누가 와도 다 받아 주며, 물처럼 낮은 곳에 있으며 남의 말에 귀 기울일 줄 안다면 그 사람은 이미 무위 도인인 것이다. 그런 사람을 어찌 대적하랴. 그 사람은 이미 평온하고 행복한 사람이기 때문이다.

무심천은 아무래도 곁을 지나는 뭇 사람들에게 인생론을 강설하고 있는지도 모른다. 인생을 자신처럼 살라고 말이다. 갖은 생명을 살리면서 어떤 물이 들어와도 다 받아주며, 그러면서도 저 낮은 곳으로 흘러간다고 무언의 설법을 하고 있는지 모른다.

스산한 바람이 불고 서리가 내리면 무심천엔 갈대가 익어갈 것이다. 물빛도 가을빛으로 변해 무심한 경지를 더하리라. 나도 이 가을엔 더 무심해지리라 다짐해 본다.

(2013. 9. ≪중부매일≫)

어린 새가 하늘을 날듯이

사람이 사는 데 여러 가지가 필요하지만 배우지 않으면 살아갈 수가 없다. '배움', 이것이 없다면 아마 사람 노릇도 못 하고 벌써 지구에서 사라졌을지도 모른다. 배움이란 시작은 있을지언정 끝이 없다. 하나를 배우고 나면 또 다른 것을 배워야 한다.

≪논어≫〈학이〉편에 보면, "배우고 그것을 때때로 익히면 또한 기쁘지 아니한가."란 말씀이 나온다. 이것을 주자는 ≪논어집주≫에서 참 재미있게 해석하고 있다. ≪논어집주≫는 주자가 논어를 알기 쉽게 풀이한 책으로 선비들의 필독서로 알려져 있다.

주자는 공자가 말씀하신 '배움學'을 '본받는다.'는 뜻으로 풀이했다. 왜 그런가 하면, 사람의 본성은 선한데 이것을 아는 데는 앞뒤가 있기 때문이다. 먼저 깨닫는 사람이 있는가 하면, 뒤에 깨닫는 사람이 있다. 따라서 아직 깨닫지 못한 사람은 반드시 먼저 깨달은 사람을 본받아야 한다는 것이다. 그래야 선한 본성을 회복할 수 있다고 한다.

가만히 생각해 보니, 주자는 사람을 참 잘 본 것 같다. 사람의 본성이 선하다고 했으니 말이다. 다만, 그 선한 본성을 먼저 깨닫기도 하고 나중에 깨닫기도 하는데 그러기 위해서는 반드시 '배움'이 필요하다고 한 것이다. 배움이란 앞선 사람의 행위를 본받는 것이다.

예를 들어, 어린 새가 알에서 태어났다. 새는 어미가 하늘을 나는 것을 볼 것이다. 새는 어미를 본받으려고 할 것이다. 자신도 날 수 있다는 것을 알았기 때문이다. 그래서 어미 새가 하늘을 어떻게 나는지를 유심히 관찰한다. 어느 정도 크면서 날갯짓을 해본다. 드디어 '익힘[習]'이 시작되는 것이다.

주자는 「논어집주」에서 공자가 말씀하신 '때때로 익힘[時習]'을 '여조삭비如鳥數飛'로 비유했다. 즉 '익힘'이란 어린 새가 자주 날갯짓을 하여 드디어 하늘을 날게 되는 것과 같다는 것이다.

요즘 틈나는 대로 《논어집주》를 들춰보다가 주자의 이 표현을 발견하고는 희열에 찼다. 참 적절한 비유구나 감탄하면서 잠시 멍하고 있었다. 배운다는 것[學]은 먼저 터득한 사람의 행위를 본받는 것이고, 익힌다는 것[習]은 새가 자주 하늘을 날듯이 끊임없이 반복하는 것이다. 날다가 떨어져 뒹굴기도 하고 바람을 못

이겨 나뭇가지에 걸치기도 하다가 언젠가는 하늘을 훨훨 나는 것이다.

사람도 마찬가지다. 어린 새가 하늘을 나는 것과 별반 다르지 않다. 엄마 뱃속에서 나와 한참은 누워 있다가 엉금엉금 기어 다니기를 수개월 하면서 드디어 일어선다. 배움과 익힘이 동시에 시작되는 것이다. 아기는 엄마의 서 있음을 본받기 위해 일어서는 연습을 끊임없이 반복한다. 마침내 일어서 꼿꼿이 섰을 때 그 천진난만한 미소는 억만금을 주고도 살 수 없다. 얼마나 가슴 벅찬 희열인가. 공자는 이것을 '기쁨[說]'이라고 표현했다.

어렸을 적 동네에서 자전거를 배웠다. 동네 형들이 쌩쌩거리며 자전거를 타는 것이 참 부러웠다. 나도 자전거를 타 볼 요량으로 핸들을 잡고 안장에 올랐으나 금방 넘어지고 말았다. 그래서 이것이 왜 안 되는지 동네 형들에게 묻고 이치를 터득하려고 무진 애를 썼다. 가다가 넘어지기를 수십 번을 하고는 드디어 한 십 미터 정도를 스스로 나아갔을 때 그 기쁨이란 이루 말할 수 없었다. 그러면서 또 수십 번 안장에 오르고 페달을 밟으니 이제는 동네 한 바퀴를 거뜬히 돌 수 있었다. 처음 몇 십 미터를 나아갔을 때보다 수십 배 기쁨이 넘쳐흘렀다. '배우고 때때로 익힘[學而時習]'이 기쁨으로 나타난 것이다.

공부도 마찬가지였다. 공부 잘하는 사람이 참 부러웠다. 그래서 공부 잘하는 사람을 본받기 위해 행동을 따라 하고 죽어라 교과서를 풀고 외웠다. 수학이 모자라면 수학을, 영어가 부족하면 영어 단어를 반복하여 외웠다. 이렇게 하니 어느덧 모르게 내가 다른 사람이 본받으려는 사람이 되었다. 마치 어린 새가 나는 연습을 하다 하늘을 날듯이 교사가 되어 다른 사람을 가르치게 된 것이다.

다중지능 이론의 창시자 하워드 가드너는 '10년의 법칙'을 말한 것으로 유명하다. 한 사람이 한 분야에서 정상의 자리에 오르기까지는 적어도 10년의 시간이 걸린다는 이야기다. 그의 연구결과에 의하면, 아인슈타인, 간디, 피카소, 스트라빈스키 등이 모두 그랬다는 것이다. 이들의 공통점은 10년 정도의 시간을 한 분야에 끊임없이 투자하여 드디어 정상의 자리에 올랐다는 점이다.

'1만 시간의 법칙'이란 것도 있다. 이는 세계적 베스트셀러 작가 말콤 글래드웰이 그의 저서 ≪아웃라이어≫에서 말하고, 우리나라 이상훈 기자가 아예 ≪만 시간의 법칙≫이란 책을 써서 유명한 말이다. 이에 의하면, 1만 시간은 대략 하루 세 시간, 일주일에 스무 시간씩 10년간 투자한 시간이다. 결국 '10년의 법칙'이나 '1만 시간의 법칙'은 서로 상통하는 것이다. 비틀즈나 스티브잡스, 피겨 여왕 김연아 등이 이 법칙에서 벗어나지 않는다.

나는 전통악기인 대금을 공부하고 있다. 대금을 연주하는 순간에는 잠시나마 일상을 잊고 무아경에 젖어든다. 그런데 아직 어린 새다. 하늘을 날기 위해 날갯짓을 하려 해도 일단 시간 내기가 힘들고 둔하여 손놀림이 빠르지 못하다.

최근 전통곡만 연습하다가 조영남이 부른 〈옛생각〉이란 노래가 하도 좋아 아예 외워서 연주하려고 했다. 그런데 도통 되지 않았다. 한 일주일 정도 시간을 이것만 연습하리라 마음먹고 틈만 나면 대금을 잡고 연습했다. 주말 어느 하루는 모든 것을 물리치고 아예 이곡만 연습했다. 그랬더니 어느 순간 한 번도 틀리지 않고 완주가 되었다. 그렇게 기쁠 수가 없었다. 공자의 말씀을 그대로 체득한 것이다.

무엇이든 그렇다. 앞서 간 사람의 훌륭한 행위를 본받으려 하고, 끊임없이 익히다 보면 누구나 경지에 오를 수 있다고 본다. 인생은 한마디로 공부다. 공부는 자기가 좋아하는 것에 몰입하는 것이다. 학과 공부만 공부가 아니고, 자기가 배우고 익히고자 하는 것은 모두가 공부다. 어린 새가 자주 날갯짓을 하다가 결국은 하늘을 자유롭게 날듯이 무엇이든 그렇게 하고 싶다.

(2013. 11. ≪중부매일≫)

안에서 톡톡, 밖에서 탁탁!

세상을 살면서 외롭고 힘들 때 도움을 주기도 하고 받기도 한다. 그런데 적당한 때를 알아 도움을 주기란 쉽지 않다. 왜냐하면 웬만큼 관심을 갖지 않고서는 남의 사정을 알기가 쉽지 않기 때문이다.

중국 선종의 대표적인 저서인 ≪벽암록≫에 보면, '줄탁동시啐啄同時'란 말이 나온다. 원래 이 말은 민간에서 쓰던 말인데 선종의 대표적인 화두가 되면서 더 유명하게 되었다. 화두란 스승이 제자에게 깨우침을 주기 위해 던지는 질문의 요체다. 평생 풀어야 할 수수께끼라고나 할까. 책으로 말하면 제목과 같은 것이다.

'줄탁동시'란 말은 의미심장하다. 나는 이 말을 참 좋아한다. 평소 이 말을 즐겨 썼고, 가끔 술자리에서도 지인들과 이 말의 매력을 열변한 적이 있다.

쉽게 말하면, 병아리가 달걀에서 부화하는 장면을 표현한 말이다. 병아리가 껍질을 깨고 나오려고 안에서 '톡톡[啐]' 치면, 어미닭이 이를 알고 밖에서 '탁탁[啄]' 쳐준다. 이것이 동시에 일어난다 하여 '줄탁동시'다. 이 말이 중국 송나라 때부터 사람들의 입에 자주 오르내렸다고 하니 참 오래된 말이다.

어미 닭이 달걀을 20여일 정도 품으면 드디어 병아리가 나온다. 이 장면이 정말 재미있다. 어렸을 적 기억이다. 우리 집에는 닭을 많이 길렀는데 모이 주는 것도 재미있었지만, 어미닭이 병아리를 품는 장면은 정말이지 눈물겨운 정경이었다. 둥지에서 꼼짝 않고 수십 일을 굶으면서 알을 품는다. 물이라도 주려고 가까이 가면 언제 봤냐는 듯 바짝 긴장하고 노려본다. 하는 수 없이 부화가 될 쯤 어미닭의 눈을 피해서 살짝 엿볼 수 있었다.

정말 신기했다. 어미닭이 발로 달걀을 이리 굴리고 저리 굴리면서 어떤 놈은 쪼아 주고, 어떤 놈은 그냥 내버려 두기도 한다. 이 이치를 지금에야 알았다. 바로 '줄탁동시'인 것이다. 그야말로 기가 막힌 이치가 숨어 있었다. 병아리의 탄생이 저절로 되는 것이 아니었다. 한마디로 감동이다. 그 많은 달걀을 적당한 온도를 유지하며 품는 것도 대단하지만, 이놈 저놈 적당한 때를 알아 부리로 쪼아 주는 것이 아무리 본능이라 하지만 그저 신기할 뿐이었다. 가만히 보니 다 부리로 쪼아 주는 것이 아니라, 안에서 나오려 하는 놈만 쪼는 것이었다.

여기에 주목하지 않을 수 없다. 안에서 나오려 하는 놈만 쫀다는 것, 그것도 때를 알아서 쫀다는 것! 이것이 핵심이다. 나중에 보니 끝내 부화를 하지 못하고 그냥 죽은 채 뒹굴고 있는 놈이 있었다. 아마도 깨어 나오려는 의지가 없었거나 어미의 도움을 적기에 받지 못해서 그랬을 수도 있다. 이때 누구의 책임이 더 클까?

독일 작가 헤르만 헤세는 그의 저서 ≪데미안≫에서 "새는 알에서 나오려고 투쟁한다. 알은 세계이다. 태어나려는 자는 세계를 깨뜨려야 한다."고 말했다. 세상에 나오려 하는 자는 먼저 자신을 둘러싼 세계를 깨뜨려야 한다. 알을 깨고 나오지 않는 한 더 넓은 세상을 볼 수가 없기 때문이다.

줄탁동시! 이 말에서 참 많은 것을 배운다. 사람도 마찬가지다. 어머니가 자식을 열 달 동안 품으며 마지막으로 세상에 나오려 할 때 잘 도와주지 않으면 실패할 확률이 크다. 어머니는 품은 자식을 온몸으로 느끼며 언제 나올까 유심히 관찰한다. 태아에게 해가 되는 것은 절대 먹지 않으며 걸을 때나 누울 때나 늘 조심한다.

가만히 생각해보니 우리 어머니도 나를 그렇게 세상에 나오게 한 것이다. 어머니의 자궁에서 열 달이나 탯줄을 밧줄 삼아 양수에 둥둥 떠다니다가 세상으로 나오려고 발버둥 쳤을 것이고, 어머니는 이를 알아 양수를 적당한 시기에 터뜨렸으리라. 온몸이 찢어지는 아픔을 견디며 나를 어둠 속에서 밝은 세상으로 내보낸 것이다. 어머니의 위대함이다. 만일 조금이라도 지체하거나 어머니가 아픔을 견디지 못했다면 나는 세상에 나오지 못했을 것이다.

줄탁동시는 가르치고 배우는 데서도 일어난다. 스승은 어미닭이요 제자는 막 태어나려는 껍질 속의 병아리다. ≪벽암록≫ 제16칙에 다음과 같은 이야기가 나온다.

어떤 제자가 스승에게 "저는 달걀의 껍질을 깨고 세상에 나오려는 병아리와 같으니, 부디 스승께서는 밖에서 껍질을 깨뜨려 주십시오."라고 했다. 그러자 스승이 "그렇게 하면 잘 나올 수 있겠느냐?"라고 되물었다. 이에 제자는 "제가 만약 밖으로 잘 나오지 못하면 스승께서는 사람들의 비웃음을 살 것입니다."라고 답했다. 그러자 스승이 "에끼, 이 멍청한 놈아!" 하고 혼내주었다.

이 이야기는 무엇을 담고 있을까? 일단 제자는 수행자로서의 자세는 되어 있다. 무언가 깨달음을 이루려고 노력하는 것이 엿보이기 때문이다. 그러나 자신이 깨닫지 못한다면 자신보다는 스승의 책임이 더 크다는 것을 말하려다가 스승에게 혼난다. 소위 궁하면 부모 탓, 스승 탓으로 돌리려는 속셈을 드러냈던 것이다.

세상은 그렇지 않다. 부모나 스승은 도와주는 사람이지 몽땅 책임을 질 수는 없다. 껍질은 스스로 깨야 한다. 깨지 못하면 목숨을 잃을 수도 있다. 그리고 일단 세상에 나오면 스스로 삶을 개척해야 한다. 어미닭은 병아리가 안에서 톡톡 노크를 할 때 이를 알고 밖에서 문을 열어주는 역할만 하는 것이다. 그렇게 20여 일을 품고 굴리고 했어도 껍질 안에서 잠만 자고 밖에 나오려 하지 않는 놈은 멍청한 놈이다. 어미라도 어쩔 수 없는 것이다. 말을 물가에 데려갈 수는 있어도 물을 먹일 수 없다는 격언은 이를 두고 하는 말일 게다.

자연도 마찬가지다. 만물이 싹을 틔우려할 때 적당한 시기에 하늘은 비를 뿌려준다. 땅속에서 나오려고 발버둥도 치지 않는데 하늘이 도울 리가 없다. 모든 것이 그렇다. 자신이 노력하지 않는데 그 누가 도와주랴.

한 해가 저물고 갑오년 새해가 밝아오고 있다. 줄탁동시를 생각하며 주위를 둘러본다. 혹시 껍질 속에서 톡톡 치면서 밖에서 좀 도와달라고 애원하는 사람은 없는지. 그러면서 내 안도 들여다본다. 깨뜨려야 할 껍질은 없는지…….

(2013. 12. ≪중부매일≫)

이 가을, 무엇으로 물들까

온통 사방이 가을이다. 가을은 물드는 계절이다. 금방이라도 든 물이 주르륵 흘러내릴 것 같다. 하늘에선 푸른 물이, 산에서는 붉은 물이 와르르 흘러내릴 것 같다. 솜털 구름은 두둥실 떠가다 쏟아지는 푸른 물에 젖어 흩날리고, 결국은 산야로 흩어져 온갖 색감을 풀어 놓을 기세다.

가을은 무엇이든 물들게 한다. 나무든 풀이든 곡식이든 지상의 모든 것들을 물들게 한다. 물든 것은 화려하고 아름답다. 도대체 무엇이 물들게 하는 걸까. 물들면 왜 아름다운 걸까. 본래 생명 있는 모든 것은 물들어야 하는 걸까.

나무를 생각해 본다. 이른 봄에 새싹을 틔워 잎이 핀다. 마치 아기의 볼처럼 보드랍고 청초하다. 잎은 성장을 거듭하여 숲을 이룬다. 이윽고 열매를 맺으며 가을을 맞는다. 서늘한 바람에 서걱거리다가 잎은 변신하기 시작한다. 옷을 갈아입는 것이다. 그 푸르던 물이 다 빠지고 붉은 물이 들기 시작한다.

풀도 마찬가지다. 파랗고 생동감 있게 일어난 풀들이 가을을 맞아 변신하기 시작한다. 어떤 것은 누렇게, 어떤 것은 갈색으로 색을 바꾸며 장엄한 풍경을 연출한다. 가장 극적인 변화는 잔디다. 그렇게 강렬했던 파란색은 어디가고, 누런색으로 변하면서 금빛 찬란한 금잔디로 재탄생한다. 옛날에 잠자리 잡으며 뛰놀던 뒷동산은 영락없는 금잔디였다.

곡식은 또 어떠한가. 벼 익어가는 들판을 보라. 그 장관을 어떻게 필설로 말하랴. 푸르던 모가 성장을 거듭하면서 알곡을 맺고 드디어 벼가 된다. 그 열매는 저절로 머리를 숙이며 황금벌판을 이룬다. 그야말로 우주의 신비를 옮겨 놓은 듯 대서사 극을 연출한다. 밭에 심어 놓은 옥수수, 콩, 팥, 고추 등 온갖 곡식도 예외는 아니다. 나름대로 색깔 변신을 거듭하면서 옷을 갈아입는다.

이렇게 물이 드는 것은 아주 자연스런 식물의 화학적 변화일지 모른다. 그런데 그렇게 치부하기에는 너무 메마르다. 나는 가을의 마법을 노래하려 한다. 한마디로 가을은 무엇이든 물들게 하는 마법을 지녔다. 이 마법에 걸리면 어떤 존재든 빠져나올 수가 없다. 어떤 식으로든 물들어야 한다. 가을에 맞게, 가을이 시키는 대로 물들어야 한다.

가을은 그래서 참으로 위대하다. 온갖 물감을 가지고 산천 각지에 마음대로 붓질을 하여 대형 걸개그림을 그려낸다. 이슬은 물감이요, 바람은 붓이다. 따지고 보면 이런 위대한 화가는 그 어디에도 없다. 가을은 지상에서 가장 거침없고 멋스러운 화가라고 보아야 한다. 그 어떤 인간 화가도 이 가을처럼 그림을 그려내는 이는 없기 때문이다.

이 가을, 나는 무엇으로 물들까? 가을은 꼭 자연만 물들게 하는 것이 아니리라. 자연만 물들게 한다면 가을은 이미 위대한 화가가 아니다. 만일 그렇다면 가을의 마법을 노래하고 싶지 않다. 정작 사람의 마음을 물들게 하지 못하고 그냥 그런 가을이라면 찬미하고 싶지 않다.

나는 맑은 호수 같은 담채 색으로 물들고 싶다. 그렇게 화려하지 않으면서 담담하게 자기 색을 드러내는 그런 담채화 말이다. 본래 담채화는 묵화에서 엷은 빛깔로 산뜻하게 그린 그림을 말한다. 이를테면 화이부동和而不同이라고 할까. 주위의 풍경과 어울리면서도 같지는 않은, 그러니까 남들과 잘 어울리면서도 자기 색깔을 잃지 않는 그런 가을 색 말이다. 이런 색으로 물들면 어떨까.

맑은 호수는 세상을 담는다. 온갖 것을 비출 수 있기 때문이다. 단풍든 나무도 비추고, 갈색으로 변한 갈대도 그대로 비춘다. 바람이라도 불면 비춰진 모든 것들이 물결과 함께 춤을 춘다. 그러면서 아주 맑고 신비로운 담채화를 그려낸다. 호수는 결국 스스로 물드는 것이 아니라 주위의 풍경으로 인해 물들어 간다.

호수는 그 자체로 텅 비어 있기 때문에 물들 수 있다. 맑고 투명하기에 그림을 그려낼 수 있다. 내 마음도 그랬으면 좋겠다. 이 가을 모든 것을 털어내고 가을 담채 색으로 물들면 좋겠다. 털어내야 할 것은 분별하는 마음이다. 이 분별심이 문제다. 본래 모든 것은 우주 하나에서 나왔는데 갖가지 형상을 달리 하다 보니 이름이 붙여지고 의식이 생겼다. 이 의식이 바로 분별심이다. 의식 자체는 문제가 없지만 분별심이 되면 문제가 된다. 서로 내가 옳다고 우기고 싸우기 때문이다. 모든 것을 자기중심적으로 생각하고 판단하니 갈등이 생긴다.

호수는 그대로 받아들인다. 의식은 있으되 분별이 없기 때문이다. 세상 모든 것을 있는 그대로 담아낸다. 바람이 불면 바람 부는 대로, 비가 오면 비 오는 대로 수면에 잔잔한 담채화를 그려낸다. 그 위에 낙엽 한 장이 떨어져도 개의치 않는다. 그냥 흘러간다. 그야말로 무심의 경지다.

이 가을 나는 무심해지고 싶다. 그리고 모든 것을 내려놓고 싶다. 연민의 마음으로 물들어 가는 것을 그냥 바라보고 싶다. 무심해 지지 않으면 물들지 못한다. 노란 은행잎이 과감히 낙하하는 것은 무심하기 때문이다. 할 일을 다 했고 미련이 없기 때문이다. 나도 그러고 싶다. 가을처럼 무심해지고 싶다.

(2013. ≪충북문학≫ 37집)

철학으로 교직된 심층, 정갈한 빗질의 사유

– 최시선 수필집 ≪삶을 일깨우는 풍경 소리≫의 경우

수필가(하정 아카데미원장) 김혜식

1. 들어가면서

(1) 새로운 인식에 의한 개안 – 좋은 기운의 발현

수필은 작가가 소재를 만나는 순간 심금의 부딪힘으로부터 시작된다. '경이롭다거나 감동적이거나 반도덕적이거나 할 때 감정 작용이 글을 쓰게 한다.'라는 수필가 윤모촌의 언명은, 수필문학은 작가가 체험한 삶의 이야기를 사유와 관조로 정화시킨 자기 고백적 토로임을 의미한다. 이러한 작가의 심적 풍경으로 꾸려진 한 편 글 속에서 인생 통찰과 달관, 서정적 미감은 물론 섬광처럼 번뜩이는 지성을 발견할 수 있다면 명작의 요건을 갖춘 작품이라고 말할 수 있다. 수필 문학 특성은 자아성찰, 심오한 명상의 용해에서 얻는 깊은 감동이다. 한 권의 수필집에 독특한 개성, 고뇌, 창조성이 투영되어 있다면 독자로서 얻는 이득이 아닐 수 없다. 뿐만 아니라 카틀러도 문첼, 코르넷 같은 심리학자들이 주장하는 바와 같이, 문학이 정신과의 심리 치료적 진료에 수반 되는 텍스트로까지 이용할 수 있다는 것은 문학이 지닌 효용가치를 의미한다.

날이 갈수록 삶의 중량감에 짓눌려 사는 요즘이다. 이때 정감 어린 언어, 다채로운 변용으로 수필 문학의 미학을 표출하는 최시선의 수필집 ≪삶을 일깨우는 풍경 소리≫를 통해 상처 입은 마음의 위무와 치유를 얻을 수 있다는 것은 이 책을 읽는 또 하나의 기쁨이요, 문학적인 감동과 더불어 얻는 일거양득의 행운이 아닐 수 없다. 최시선의 수필집은 매우 서정성이 짙다. 언어가 지닌 미적 요소가 수필 편편마다 깃들어 독자를 흡인하고 있는 게 그것이다. 또한 그의 수필집에는 대단하고 특이한 일들이 소재로 등장하지 않는다. 우리가 살아가는 삶 속에서 보고 듣고 느끼는 일들이 전부이기에 "예술작품은 형상화 되는 삶의 단편을 객관적으로 규정하는 모든 본질적인 객관적 규정들을, 올바른 관계 속에서, 그리고 올바른 비례적 관계 속에서 반영하여야 한다."(한상렬 저: ≪경계 가로지기≫ p89) 라는 루카치의 주창에 고개를 끄덕이게 한다.

최시선이 체험을 통하여 체득한 작품의 소재들은 특별한 것도 있겠지만 무심코 지나칠 법한 자연적 현상과 사물들이 다수를 차지하고 있다. 최시선의 수필집 ≪삶을 일깨우는 풍경 소리≫가 신선한 충격으로 다가오는 이유를 꼽으라고 한다면, 비록 소소한 자연 현상이나 사물일지언정 그것에 대한 작가만의 인식과 개안이 새롭고 남다른 데 있다고 하겠다. 모든 예술 작품이 그러하듯 수필 작품에도 작가의 좋은 기운이 분명코 서려 있다고 주장할 수 있는 것은 독자가 작품을 읽고 나서 무한 감동을 얻을 수 있기 때문이다. 문향 짙은 한 편의 수필에서 얻는 참과 선, 심오한 철리야말로 수필 문학이 지닌 특성이기도 하다. 삶의 활력을 얻기 위하여 우리는 슬플 때 경쾌한 음악을 듣거나, 기분이 가라앉을 때 코믹한 영화 한 편을 관람하거나, 혹은 한 점의 명화를 감상하곤 한다. 이때 우리는 그것을 창작한 작가의 치열한 작가 정신과 작품 속에 응집된 좋은 기운에 의하여 기분이 고조됨을 느낀다고 말 할 수 있다.

17세기 이후 서구 문명의 발전을 이끌어 온 중심 가치가 근대과학과 합리주의라고 주장하는 현대에 기氣 운운하는 게 시대에 뒤떨어진 표현일 수도 있다. 그러나 한 편의 수필을 읽고 막혔던 가슴이 시원하게 뚫리고 입안에 향훈이 감돈다면 이런 발현 현상이 좋은 기운이 아닐까 싶다. 각박하고 정이 고갈 된 세태에 사는 현대인들은 누구나 외롭다. 소셜미디어, 스마트폰이 발달했지만 감성은 점점 무미건조해지고 타인과의 교감은 단절 되기 일쑤이다. 이때 한 편의 영화, 한 곡의 음악, 한 편의 문학 작품을 통하여 메마른 정서를 위무 받기에 사람들은 영화관을 찾고 음악을 감상하고 문학 서적을 읽게 되는 것이다.

이러한 맥락에서 삶에 지친 심신을 위로받을 수 있는 한 권의 수필집을 얻게 된 것은 독자 입장에서 다행이 아닐 수 없다. 이에 최시선이 발간한 수필집 ≪삶을 일깨우는 풍경 소리≫를 통괄하며 세진으로 얼룩진 평자 마음까지 한껏 헹구어 볼까 한다.

2. 펼치면서

(2) 현상학적 인식의 확장 – 현묘한 마음의 렌즈

한 편 수필 속에서 작가의 대상에 대한 인식 확장을 엿보곤 한다. 작가의 정서와 사상을 수반한 이 인식 확장은 소재에 대한 작가적 통찰과 혜안에 의해서다. 이럴 경우 화자의 체험과 삶에 대한 심적 나상이 진솔할수록 공명은 커지기 마련이다. 이 수필집에 수록된 수필 〈풍경 소리〉의 면면을 살펴볼까 한다.

> 아파트 8층 베란다에서 풍경風磬이 울고 있다. 여름 맞바람에 못 이겨 이따금씩 흔들리며 울고 있다. 조금은 둔탁하면서도 맑은

> 울림을 내는 것이, 마치 어린 시절에 장독대에 숨어 술래가 찾지 못해 심심하여 단지를 두드릴 때 나는 소리와 같다. 큰 단지와 작은 단지 소리가 다르고, 된장이 담긴 단지와 장아찌가 담긴 단지, 물이 가득 담긴 단지와 그냥 텅 빈 단지 소리가 다르다.
>
> — 수필 〈풍경 소리〉 중에서

윗글은 최시선이 문단에 입문할 시 작가로서 소양과 필력을 검증 받은 등단 작품이기도 하다. 등단 작품은 어느 작가이든 늘 그림자처럼 작가를 뒤따른다. 문단의 첫 관문을 허락한 작품답게 사물을 관조하고, 그것을 해석하고 형상화하는 능력이 기성 작가의 작품 못지않아 매우 뛰어난 수작으로 평가할 수 있다.

수필 〈풍경 소리〉 발단 부분부터 글이 예사롭지 않다는 것을 느낀다. 아파트에서 들려오는 풍경 소리를 소재로 어린 날 술래잡기 할 때 경험했던 항아리 소리를 풍경 소리에 연접한 게 매우 돋보인다. 유년 시절 최시선이 머물렀던 장독대의 공간은 단순이 추억만 고인 게 아니었다. 그 공간에서 잠시지만 술래잡기를 하면서 심심풀이로 두드려 본 장항아리 소리는 일찌감치 그의 공감각을 일깨워 훗날 이렇듯 사물이 내는 소리에서조차 우주를 생각하고 삶의 진리를 깨닫는 혜안을 갖추어 준 추억의 소리로 자리하도록 형상력形象力을 발휘했다.

그 풍경이 방금 또 울었다. 풍경은 '세상을 일깨운다.'는 뜻을 가진 불가의 장엄구이다. 밑에 물고기 모양을 달아놓은 것은 특히 수행자와 관련이 있다. 물고기는 잠을 잘 때도 눈을 감지 않는다. 모름지기 수행자는 이와 같아야 한다는 것이다. 눈을 뜨고 잠을 자는 것처럼 치열한 수행을 해야 한다는 것이다. 그만큼 방일하거나 나태에 빠지는 것을 경계하는 것이 풍경인 셈이다. 훌륭한 수행자라면 풍경의 의미처럼 열심히 도를 닦아 세상을 일깨워야 한다.

— 수필 〈풍경 소리〉 중에서

풍경 밑에 눈을 뜨고 자는 물고기처럼 자신의 안일과 평안을 배제한 수행이야말로 진정한 수행이라는 윗글 내용에서 작가로서 삶의 가치관은 물론 진정성 있는 인생관을 느낀다. 수필집 ≪삶을 일깨우는 풍경 소리≫ 저자 최시선은 교육자이다. 고등학교 교장 선생님이다. 흔히 교장 선생님을 떠올리면 지긋한 나이, 근엄한 표정의 권위적인 모습이나 최시선 작가는 배젊고 온화한 사람이다. 뿐만 아니라 평소 최시선은 정갈하고 정직한 성품을 지녔다. 최시선의 온순하고 정직한 선비 기질, 올곧은 삶의 지향점이 작품집 편 편에 은연중 내포 되었음을 감지한다. '글은 곧 사람'이라는 말처럼 남성임에도 정갈한 표현을 쓰는 이유는 그의 인품이 속되지 않고 순연하여 심성이 맑기 때문이다. 또한 소소한 일에도 감사함을 지니는 사람이라는 것은 그의 작품들에 의한 평가이기도 하다.

이해타산에 얽혀 매사를 재단하는 세상이다. 세상 때가 전혀 묻지 않은 작가 최시선이 품고 있는 훌륭한 인향 못지않게 문향 또한 아름다운 수필집 ≪삶을 일깨우는 풍경 소리≫이다. 최시선의 문학적 특징은 작품 전부가 서정적으로 자연 발효 되어 그것이 진선미로 순화 되었다는 점이다. 결코 자신을 과시하거나 과장된 삶, 현학적인 게 아닌 진솔과 진정성이 그가 지닌 수필 문학의 특성이라고 말할 수 있다. 시의 올바른 작법이, 무엇을 쓰느냐보다 물상을 어떻게 바라보느냐가 중요하듯 수필 또한 소재를 통하여 작가가 그것을 어떤 관점으로 사유하느냐가 좋은 수필 쓰기에서 중요한 요건이다. 주제 의식이 형상적 체험에 의해 잘 의미화 된 수필 〈세월〉에서 수필이 지닌 마력에 한껏 흡인되어 볼까 한다.

> 생각은 바람과 같다. 보이지도 잡히지도 않건만, 온 마음을 쥐어흔들기도 하고 한곳으로 몰기도 한다. 또 끊임없이 흘러간다. 마음속에 단 일 초도 머무르지 않는다. 세월을 산다는 것은 곧 생각을 하고 있다는 것이다. 새해 첫날 향일암에 대한 생각은 바람처럼 이 몸을 여수 바다로 내몰았다.
>
> — 수필 〈세월〉 중에서

세월은 무형이지만 흐르는 것을 우린 정확히 확인할 수 있다. 매일 넘기는 일력의 증표가 아니어도 다음 날 해는 동쪽에서 어김없이 떠올라도 어제나 그저께의 태양이 아니라는 것을 피부로 절감할 수 있다. 창밖에 내리는 한 줄기의 빗줄기도 세월의 흐름을 은연중 표출하고 있다. 봄비는 비가 내릴수록 산천에 연둣빛이 감돌고 가을비는 내릴수록 스산한 바람이 옷깃을 스치는 게 그것이다.

앞글 인용문에서 독자들은 작가의 진솔한 삶의 형상화와 대상에 대한 짙은 사상의 용해에 가슴이 한껏 젖는 것을 감지할 것이다. 최시선은 이 인용문에서 생각은 바람 같다고 했다. 세월 속에서 늘 많은 생각을 하고 있다고 하였다. 어쩌면 이 표현처럼 흐르는 세월에 편승하여 우리의 생각 또한 수시로 바뀐다. 시간이 흐름에 따라 생각 또한 변질되기에 시간이 흐르면 흐를수록 철석같은 약속도 손바닥 뒤집듯 뒤집기 마련이고, 그토록 불변일 것 같았던 뜨겁던 사랑도 얼음장처럼 냉랭하게 식기 마련이다. 흐르는 세월 속에 세상의 모든 것들은 변한다. 세월이 흐르면 단단한 바위도 풍화작용으로 깎이고 진시황처럼 몇 백 년 살 것 같은 인간도 실은 노화가 청춘을 잃게 한다. 그 무엇도 불변은 없다.

작가가 세월을 자연 현상으로 치부하지 않고 인간의 생각으로 변용시킬 수 있었던 것은 세월에 대한 작가의 현상학적 재해석에 의해서다. 유한근은 문학에서 현상 Phenomenon은 체험자 의식의 흐름을 구성하는 것이며 대상의 존재가 아닌 경험을 말한다고 했다. 최시선 역시 삶을 살며 세월과 함께 인간의 생각도 머무르지 않고 흐른다는 사실을 바탕으로 자신의 생각과 느낌을 현상적적인 환원으로 풀어내었다.

수필은 일상을 소재로 해서 정서와 그들을 통하여 획득되는 깨달음을 유감 없이 기술할 수 있는 글이라고 권대근은 그의 저서 ≪여성 수필의 손맛과 눈맛≫에서 언술했다. 작가 최시선이 가을날 은행 나무 아래서 남다른 사유를 얻는 게 권대근의 이 언명과 일맥상통한다. 수필 〈은행 나무〉를 읽는 독자라면 누구나 다시금 지난 가을로 되돌아가 수필 속 '은행 나무' 아래서 작가와 함께 서 보고 싶은 충동을 느낄 법 하다.

> 가을 소슬 바람에 은행잎이 우수수 떨어진다. 아름다운 낙하이다. 떨어지는 것은 어찌 보면 슬픈 일이지만 거룩한 일이기도 하다. 본래 온 곳으로 돌아가는 일이기 때문이다. 그 많은 열매를 가지에 두고 노랑 물을 흘리며 땅으로 낙하한다는 것, 그것도 아무런 미련 없이 자리를 박차고 내려온다는 것, 이 이상으로 아름다운 일이 어디 있겠는가!
>
> — 수필 〈은행 나무〉 중에서

은행 나무가 태풍과 비바람에 견디며 꿋꿋이 견딜 수 있었던 것은 결과물인 은행 알을 품기 위해서인지도 모른다. 윗글에서 최시선은 은행 나무의 결실인 열매를 인간이 갈구하는 물질로 변용 시킨 게 역력하다. 은행 알을 인간이 지닌 탐욕과 욕망으로 환치, 낙하하는 은행잎을 삶의 순리에 빗대었다. 최시선의 작가

적 역량을 보여주는 대목이다. 형상적 체험을 통한 감동으로의 유도는 누구나 할 수 있는 게 아니라는 점에서 이 작가의 능력이 높게 평가받고 있다. 이 글에서 헛된 욕망으로 점철된 인간일수록 자연이 전해주는 교훈에 스스로 옷깃을 여미는 겸손을 배워야 할 것이다.

최시선은 누구보다 자연을 아끼고 자연의 오묘한 진리와 순리를 존중하는 작가다. 그가 자연을 통하여 바라보는 풀 한 포기, 바람 한 점도 마음 밭으로 들여놓고 그것을 미적 심상으로 가꾸는 일을 게을리하지 않는다. 하다못해 풀잎에 맺힌 이슬 한 방울도 그것의 원형과 시원을 깨닫기 위하여 삼라만상을 현묘한 마음의 렌즈로 들여다보기 일쑤다. 이런 형이하학적 질료로부터 형이상학적 의미를 체취해내는 작가의 능력은 심층구조에서부터 철학적인 사유를 게을리 하지 않기 때문에 가능한 것이다. 수필 〈감〉에서 작가의 정서적 미감과 소박하면서도 정련된 수필의 묘미를 만끽해 보자.

> 똑같은 햇빛을 머금으면서도 제각기 빛깔이 다르다. 아주 빨간 감부터 시작하여 조금 덜 빨간 감, 지금 막 빨개지려고 폼 잡는 감, 아직도 따온 그대로 누런 빛깔을 내는 감, 그리고 빨개지다 못해 아예 거무스름하게 변한 감 등 여러 가지 모습을 하고 있다.

아주 빨간 감은 이미 홍시가 되어버린 것이고, 노란 빛깔을 내는 감은 아직도 땡감인 것이다. 빨개지다 못해 아예 거무스름하게 변한 감은 너무 익어버려 먹을 수 없는 감이 된 것이다. 모두 한 나무에서 따온 것인데 자신의 처지에 따라 익어가는 모양이 다 다르다.

왜 그럴까? 가만히 생각해 보니, 나무에 달려 있을 때부터 서로 달랐던 것 같다. 똑 같은 감나무이지만 가지와 방향, 그리고 높낮이가 모두 달랐음이 분명하다. 어떤 감은 굵은 가지에 달렸지만 북쪽 방향에다 낮은 곳에 있었기에 햇빛을 그만큼 못 받아 잘 익지 못했고, 또 어떤 감은 가는 가지에 달렸지만 남쪽 방향에다 높은 곳에 있었기에 햇빛을 충분히 머금어 이미 많이 익어버린 것이다.

— 수필 〈감〉 중에서

같은 나무에 달린 감들도 가지의 방향, 높낮이에 따라 감의 형태가 다르다는 작가의 예리한 관찰이 참으로 돋보인다. 수필 창작의 기본적 소양은 사물에 대한 남다른 관찰과 현상에 대한 원리 체득이다. 작가는 위 인용문에서 같은 감나무의 감들이지만 그것들이 처한 자연 환경과 생태적 조건에 의하여 감의 형태는 물론 익는 농도가 다른 것에 대한 원리에서 생명이 있는 것들이 지닌 '환경과 태생적 조건'의 중요성을 강조하고 있다. 수필은 체험을 바탕으로 한 관조적 시각을 응집한 문학이다. 작가의 체험이 고스란히 녹아든 한 편의 수필이 가슴을 때리고 흔든다면 성공한 작품이다. 최시선의 수필 〈감〉이 그렇다.

> 그 감이 이제는 하나의 추억의 알갱이로 다가와 아파트 베란다에서 비시시 웃고 있다. 사실 감은 저기 그냥 있는 것이 아니다. 우주의 모든 이치를 다 머금고 있는 것이다. 저 감이 여기 오기까지 수많은 인연因緣이 작용했기 때문이다. 우선 튼튼한 나무가 있었고, 그 나무가 땅의 기운과 물을 빨아올려 잎을 틔웠고, 거기서 꽃이 피어 어린 감이 생기고, 이것이 태양의 기운과 바람, 비 등과 수없이 만나면서 저렇게 큰 감으로 성장한 것이다. 여기서 나무가 인因이라면 땅과 물, 태양, 바람, 비 등은 이를 도와준 연緣인 것이다. 그러니 저 감 하나에 우주의 모든 것이 들어있는 것이다.'
>
> — 수필 〈감〉 중에서

낯설게 하기Defamiliarization의 요소를 풍부하게 갖췄다면 문학적 생명인 참신성에 충실한 작품이라고 말할 수 있다. 한낱 감을 갖고 이렇게 깊은 사유를 할 수 있다는 것은 순전히 작가의 탁월한 역량에 의해서다. 감나무가 꽃을 피우고 과실인 감을 익게 하기까지는 나무와 땅, 그리고 햇빛, 바람 등 자연스러운 인연의 조합으로 이루어진 결과물이라는 작가의 언술에서 철학적 쾌감과 미적 향유마저 느낀다. 한 인간의 심성과 인품을 짐작할 수 있는 것은 수 만장의 자기 소개서나 수 만인의 추천서가 필요 없는 게 수필이 지닌 특성이자 효용성이다. 어느 작가의 작품이든 그가 창작한 수필 몇 편 만 읽어보면 대략, 인품, 성향, 직업, 가족관계, 취미, 직업 등등을 미뤄 짐작할 수 있는 게 수필 문학이기도 하다.

한 편의 수필에서 작가 최시선의 효심과 인간미를 추론해 볼 수 있다면 수필작품의 진솔성 탓일 게다. 작가가 지닌 인생관마저 엿볼 수도 있다는 게 수필의 특성이라고 말하고 싶다. 이런 수필의 요건을 두루 갖춘 수필 〈어머니의 손전등〉을 통하여 이 땅의 우리 어머니들 희생과 헌신을 뒤돌아보는 가슴 뭉클한 시간을 가져보자.

> 칠순을 넘긴 어머니는 허름한 연립 주택 2층에 사신다.
>
> 사시던 주공 아파트가 재개발에 들어가는 바람에 잠시 나와 사시는 것이다.
>
> 연립주택의 계단이 참 가파르다. 계단 층이 높고 경사가 심하다. 난간은 손으로 잡기에 가늘고 여기저기 녹이 슬어 있다. 오래된 주택이라 그런가 보다.
>
> 어머니는 매일 이 계단을 오르내린다. 어느 날 이 계단을 내려오다가 다리를 부러뜨렸다. 다리를 헛디딘 것이다. 이 일로 하여 대학병원에서 한 달을 입원하였다. 어머니는 모진 고통을 이겨내며 수술을 받아야만 했다.

퇴원 후 한동안 목발을 짚고 다녔다. 문제는 또 계단이다. 목발을 짚고 어떻게 그 가파른 계단을 오르내린단 말인가. 아직 수술한 곳이 다 아물지도 않은 상태이다.

그런데도 어머니는 이를 악물고 계단을 오르내렸다. 한 손으로는 난간을 부여잡고 한 손으로는 목발을 짚고 엉금엉금 기듯이 계단을 오르내렸다.

요즘 같은 세상에, 웬만하면 엘리베이터가 설치되어 있는 좋은 세상에 어머니는 2층 연립주택이라는 이유로 계단을 오르내리는 것이다. 자식들은 대부분 고층 아파트에 살기에 계단을 오르내릴 이유가 없다. 순전히 어머니만 이런 고통을 감내하고 있는 것이다.

— 수필 〈어머니의 손전등〉 중에서

작가 최시선이 자신의 어머니께서 다친 다리를 이끌고 엘리베이터도 없는 아파트에서 홀로 지내는 것에 대한 안쓰러움이 위 인용문 행간마다 절절이 배어 있음을 느낄 수 있다. 효자다운 생각이다. 최시선의 효심이 드러나는 내용은 계속 이어진다.

어느 주말 밤 어머니를 뵙기 위해 아내와 함께 연립주택을 방문하기로 했다. 미리 저녁 8시경에 출발하겠노라고 전화를 드렸다. 우리 집에서 어머니가 사시는 연립주택까지는 승용차로 약 20분 정도 소요된다.

어머니는 2층 연립주택 베란다에 홀로 나와 계셨다. 둘째 아들 내외가 언제 오나 하고 기다렸던 모양이다. 어스름 달빛에 비친 어머니는 영락없이 어린 시절 동네 어귀에 나와 기다리고 있던 엄마 그대로의 모습이다.

자동차의 헤드라이트가 비치자 어머니는 아들임을 확인하고 급히 사라졌다. '아, 그 불편한 다리로 계단을 내려오시려나. 가만히 계시면 우리가 올라 갈 텐데.' 순간 걱정이 앞섰다.

우리 내외가 계단을 올라가려는 순간 웬 손전등이 비치고 있었다. 어머니가 출입문 앞에서 계단을 향해 손전등을 비추고 있는 것이었다. 암만 허름한 연립주택이라도 사람이 들어가면 인공 센서기가 부착되어 있어서 자동으로 전등이 켜지곤 했는데, 오늘 따라 이것이 고장이 났단다.

어머니는 손전등을 비추기 위해 베란다에서 급히 사라졌던 것이다. 자식이 혹시 계단을 올라오다 다치기라도 하면 어떡하나 싶어서. 언제 올지 몰라 베란다에서 지켜보다가 자식이 도착하니까 금방 알아채고 손전등을 비춘 것이다.

조명이 그리 밝지 않은 손전등에는 백룩스 이상의 어머니의 불빛이 흐르고 있었다. 그것은 자식에 대한 아낌없는 헌신이며 본능적인 사랑의 몸짓이었다.

— 수필 〈어머니의 손전등〉 중에서

윗글은 엘리베이터가 없는 센서등이 고장 난 허름한 빌라에 사는 작가의 어머니께서 아들 내외가 밤에 가파른 계단을 오를 때 내용이다. 혹여 계단에서 자식들이 넘어질까 봐 아파트 출입문에 서서 손전등을 비춰주는 어머니의 무한한 사랑에 감복한 작가의 마음이 여실히 표현 되어 깊은 감동을 자아내고 있다. 어머니의 이런 소소한 사랑쯤이야 당연한 것으로 받아들일 법한데 최시선은 남달랐다. 어머니가 비춰주는 불빛조차 당신의 숭고한 사랑으로 여기는 작가의 효심이 참으로 본받을 만하다.

> 어머니는 나의 신화이자 수필이자 소설이다. 어렸을 적에는 그 어려운 밭일을 하면서 밤에는 피곤도 잊은 채 자식들에게 옛 이야기를 들려주곤 하였다.
>
> 귀신 이야기며, 돌아가신 할아버지 이야기며, 전해 내려오는 마을 이야기 등을 참도 구수하게 엮어내셨다. 일자무식인데도 기승전결에 맞추어 물 흐르듯이 잘도 꾸며내셨다. 어머니는 그러니까 나에게 신화 창조자였다.
>
> 하나의 이야기지만 그것을 신비롭게 각색하여 나의 눈을 똘망똘망하게 만들어 상상의 세계로 빠져들게 했다. 어머니는 그 자체로 나의 신화가 되었다.
>
> 신화를 리얼하게 쓰면 수필이 된다. 어머니의 신화 창조는 멈추었지만 그 자체로 나에게 신화로 남아 있으니 수필의 좋은 제재가 된다. 굳이 수필이라는 형식에 담아내지 않더라도 어머니는 그냥 그대로 나의 수필이다. 웃는 모습 그대로, 손전등을 비추어주는 모습 그대로 나에게 뜨거운 수필이다.
>
> — 윗글 중에서

자식은 어머니의 혼과 사랑을 먹고 자란다. 자식은 부모님 중 특히 어머니의 일거수 일투족에서 참과 진眞을 터득하고, 정도正道를 깨달으며 어머니의 사랑과 훈육으로부터 사람다운 면모와 올바른 사상을 갖추곤 한다. 그래서 자식의 올바른 성장엔 어머니의 손길과 사랑이 필요하다. 위인 뒤엔 늘 훌륭한 어머니가 있었던 것도 이런 어머니의 사랑과 엄격한 훈육 덕분이다. 밥상머리의 교육자도 예나 지금이나 어머니가 주체다. 작가 최시선이 오늘날 심지가 곧고 정신 세계가 맑고 정갈한 연유는 위 인용문에서 살펴볼 수 있듯이 자애로운 어머니의 사랑을 듬뿍 받고 자라서이다.

3. 닫으면서

(3) 풍부한 문학적 토양과 성취 – 상상력과 인간미학

사랑을 받아본 사람만이 타인에게 사랑을 베풀 줄 알고 가슴 또한 따뜻하다. 작가가 어린 시절 어머니가 들려주는 이야기를 들으며 일찍이 작가로서 소양인 풍부한 상상력과 아름다운 마음밭을 일구게 되었다.

자식만큼은 남에게 꽃으로 피어나게 하고 잎으로 보이고 싶은 게 모성이다. 당신의 자식들만큼은 세상에서 가장 훌륭하고 반듯하게 키우고 싶은 게 어머니 마음이다. 어머닌 당신의 가슴으로 동화를 들려주었고, 고단한 당신 일상의 모습으로 자식에게 훌륭한 글감이 되었다. 오죽하면 최시선은 그런 어머니를 떠올리며, '굳이 수필이라는 형식에 담아내지 않더라도 어머니는 그냥 그대로 나의 수필이다. 웃는 모습 그대로, 손전등을 비추어주는 모습 그대로 나에게 뜨거운 수필이다.' 라고 했을까. 어머니가 들려주던 옛 이야기는 최시선의 심층에 깊숙이 내면화 되어 감성에 윤기를 흐르게 하고 정신을 살찌우는 보약이 되었다. 그런 어머니의 숭고한 희생과 사랑이 작가 최시선의 심경에 그림자 형상으로 자리하여 오늘날 가슴에 꺼지지 않는 수필의 불쏘시개로 남게 되었다.

작가가 어린 날 어머니의 옛 이야기를 들으며 얻은 상상력과 일찍 그것으로부터 획득한 문학적 토양이 함몰된 수필집 ≪삶을 일깨우는 풍경 소리≫엔 인간 미학이 담뿍 담겼다. 뿐만 아니라 작가 최시선의 마음 밭을 풍요롭게 하는 질료로서 어머니와 자연은 그의 수필에 훈훈한 향기를 안겨준다고 하겠다.

이 수필집이 우리의 서재에 자리하는 순간, 항상 그곳에선 새가 지저귀고 은행잎이 노랗게 물들고 주황색 감이 익어가는 사계를 느낄 것이다. 뿐만 아니라 조금만 귀 기울이면 자연이 들려주는 노랫소리가 청아하게 울려올지도 모를 일이다.

이에 최시선의 수필집 ≪삶을 일깨우는 풍경소리≫는 메마른 현대인들의 마음 밭을 늘 정갈하게 빗질해주는 청량제가 될 것이라고 감히 장담해본다.

■ 참고 문헌

권대근 ≪여성 수필의 손맛과 눈맛≫, 도서 출판 〈해암〉 2016. 12. 10.

유한근 ≪수필과 비평≫, 「불의 현상 학적 이해를 위하여」 p255≫ 도서출판 〈신아〉

윤모촌 ≪수필 쓰는 법≫, 도서출판 〈보성사〉 1992. 7. 1.

한상렬 ≪경계 가로지기≫, 도서출판 〈에세이 포레〉 2010. 10. 15.

최시선 수필집
삶을 일깨우는 풍경 소리

인쇄 2017년 6월 22일
발행 2017년 6월 26일

지은이 최시선
발행인 서정환
펴낸곳 수필과비평사
주소 서울시 종로구 삼일대로 32길 36(익선동 30-6 운현신화타워 빌딩) 305호
전화 (02) 3675-3885, (063) 275-4000 · 0484
팩스 (063) 274-3131
이메일 sina321@hanmail.net essay321@hanmail.net
출판등록 제300-2013-133호
인쇄 · 제본 신아출판사

ISBN 979-11-5933-090-2 03810

값 13,500원

이 도서의 국립중앙도서관 출판예정도서목록(CIP)은 서지정보유통지원시스템 홈페이지(http://seoji.nl.go.kr)와 국가자료공동목록시스템(http://www.nl.go.kr/kolisnet)에서 이용하실 수 있습니다.(CIP제어번호: CIP2017014829)

Printed in KOREA

* 이 책은 2017년 충북문화예술육성지원금 일부로 제작되었습니다.